Descubra Juegos Gratis Online

Disponibles Aquí:

BestActivityBooks.com/FREEGAMES

5 CONSEJOS PARA EMPEZAR

1) CÓMO RESOLVER LAS SOPA DE LETRAS

Los rompecabezas tienen un formato clásico:

- Las palabras se ocultan sin espacios ni guiones,...
- Orientación: Las palabras pueden escribirse hacia delante, hacia atrás, hacia arriba, hacia abajo o en diagonal (pueden estar invertidas).
- Las palabras pueden superponerse o cruzarse.

2) APRENDIZAJE ACTIVO

Junto a cada palabra hay un espacio para anotar la traducción. Para fomentar un aprendizaje activo, un **DICCIONARIO** al final de esta edición te permitirá comprobar y ampliar tus conocimientos. Busca y anota las traducciones, encuéntralas en el puzzle y añádelas a tu vocabulario!

3) MARCAR LAS PALABRAS

Puedes inventar tu propio sistema de marcado. ¿Quizás ya usas uno? También puedes, por ejemplo, marcar las palabras difíciles de encontrar con una cruz, las que te gustan con una estrella, las nuevas con un triángulo, las raras con un diamante, etc.

4) ESTRUCTURAR EL APRENDIZAJE

Esta edición ofrece un **CUADERNO DE NOTAS** muy práctico al final del libro. En vacaciones, de viaje o en casa, podrás organizar fácilmente tus nuevos conocimientos sin necesidad de un segundo cuaderno!

5) ¿HABÉIS TERMINADO TODAS LAS PARRILLAS?

En las últimas páginas de este libro, en la sección **DESAFÍO FINAL**, encontrarás un juego gratis!

¡Rápido y sencillo! Echa un vistazo a nuestra colección de libros de actividades para tu próximo momento de diversión y aprendizaje, ¡a sólo un clic de distancia!

Encuentre su próximo reto en:

BestActivityBooks.com/MiProximoLibro

En sus marcas, listos, ¡Ya!

¿Sabías que hay unas 7.000 lenguas diferentes en el mundo? Las palabras son preciosas.

Nos encantan los idiomas y hemos trabajado duro para crear libros de la más alta calidad para tí. ¿Nuestros ingredientes?

Una selección de temas adecuados para el aprendizaje, tres buenas porciones de entretenimiento, y luego añadimos una cucharada de palabras difíciles y una pizca de palabras raras. Los servimos con cariño y máxima diversión para que puedas resolver los mejores juegos de palabras y te diviertas aprendiendo!

Tu opinión es esencial. Puedes participar activamente en el éxito de este libro dejándonos un comentario. Nos encantaría saber qué es lo que más le ha gustado de esta edición.

Aquí hay un enlace rápido a tu página de pedidos:

BestBooksActivity.com/Opiniones50

Gracias por tu ayuda y diviértete!

Todo el equipo

1 - Ajedrez

उ	प	ष	र	थ	च	ै	ं	प	ि	य	न	त	ध
क	्	ञ	व	ण	घ	त	ह	श	य	र	य	ह	न
ा	र	अ	ि	ट	न	फ	ु	ब	ब	ा	ख	घ	प
ल	त	ं	र	ू	ि	ी	घ	र	भ	न	ि	े	उ
ा	ि	क	ो	र	ष	य	त	व	ण	ी	ल	श	ल
आ	य	त	ध	्	्	व	न	ि	य	म	ा	य	प
ध	ो	ञ	ी	न	क	ध	ल	क	ञ	ञ	ड	ब	उ
ड	ग	ट	ट	ा	्	ढ	ए	र	प	च	़	ब	ब
र	ि	ऊ	प	म	र	द	फ	्	च	ध	ी	इ	ल
द	त	ब	श	े	ि	ऊ	फ	ण	ख	त	थ	ख	ि
ल	ा	न	छ	ं	य	ट	प	च	आ	स	फ	े	द
ञ	ष	इ	व	ट	द	ल	ण	ग	ह	घ	ख	ध	ा
स	म	य	र	ा	ज	ा	उ	ठ	ण	घ	ठ	छ	न
इ	ब	ढ	द	र	इ	च	य	र	ष	ड	घ	ल	ण

सफेद
चैंपियन
प्रतियोगिता
विकर्ण
रणनीति
चतुर
खेल
खिलाड़ी
काला
विरोधी
निष्क्रिय
अंक
नियम
रानी
राजा
बलिदान
समय
टूर्नामेंट

2 - Agua

न	ह	र	थ	ष	भ	उ	द	ट	ढ	द	ख	त	स
म	व	र	◌्	ष	◌ा	न	ण	ऊ	स	न	छ	आ	प
◌ी	छ	◌ा	प	श	प	व	थ	च	त	म	थ	फ	थ
ठ	ऊ	ऊ	ष	इ	ए	स	ि◌	◌ं	च	◌ा	ई	उ	त
भ	ल	प	म	◌्	घ	ड	फ	घ	ष	उ	ष	थ	म
ब	◌ौ	छ	◌ा	र	प	ट	व	ग	फ	प	घ	त	म
व	च	ञ	न	द	स	◌ी	ढ	उ	ष	स	द	◌ू	व
ञ	ट	व	स	◌ा	ग	र	क	ब	ए	घ	च	फ	च
न	ह	ट	◌ू	ण	द	श	र	र	झ	◌ी	ल	◌ा	द
ब	द	ड	न	आ	च	घ	घ	◌्	ण	प	ह	न	आ
ठ	◌ा	◌ी	ढ	ढ	ण	घ	स	फ	इ	ल	र	य	घ
ल	च	ढ	ढ	ष	आ	न	प	न	ण	श	◌े	भ	ह
ठ	◌ं	ढ	◌़	ब	ह	ए	भ	ग	ह	ग	◌ं	ख	ए
ल	थ	प	थ	घ	ड	ब	ड	स	छ	र	ग	फ	ह

नहर
बौछार
लथपथ
वाष्पीकरण
ठंढ
बर्फ
नमी
तूफान
नम

बाढ़
झील
वर्षा
मानसून
सागर
लहरें
सिंचाई
नदी
भाप

3 - Granja #2

स	ऊ	ञ	ऊ	ज	आ	प	थ	व	म	ट	ठ	ष	ध
ल	◌ि	थ	प	◌ौ	◌ा	ट	थ	ल	घ	ए	फ	स	म
ख	ट	◌ं	उ	छ	श	न	प	क	◌ा	ह	◌ु	आ	◌े
ल	◌्	ड	च	ब	फ	छ	व	व	घ	फ	ह	ग	म
◌ि	र	इ	ए	◌ा	त	ठ	ख	र	भ	ल	ब	ट	न
ह	◌ै	ल	ड	ह	ई	ख	फ	छ	◌ो	फ	ण	ञ	◌ा
◌ा	क	◌ा	च	र	व	◌ा	ह	◌ा	ज	◌ं	प	थ	ए
न	◌्	म	फ	ध	ग	च	य	थ	न	ए	म	म	म
स	ट	◌ा	ह	म	◌े	न	श	स	ल	ब	श	ष	य
ब	र	च	त	ए	ह	भ	आ	व	म	श	ड	ध	ए
◌्	ख	ऊ	च	ढ	◌ू	फ	ल	◌ो	द	◌्	य	◌ा	न
ज	घ	ऊ	फ	द	◌ं	क	◌ि	स	◌ा	न	ड	ध	ण
◌ी	म	क	ई	◌ू	स	फ	भ	◌े	ड	◌़	र	ऊ	त
थ	न	ए	च	ध	ध	ख	च	ञ	ढ	ठ	ढ	म	स

किसान
जानवरों
जौ
भोजन
मेमना
फल
खलिहान
फलोद्यान
दूध
लामा
पका हुआ
मकई
भेड़
चरवाहा
बतख
सिंचाई
ट्रैक्टर
गेहूँ
सब्जी

4 - Mueble

ह	व	ब	ड	ग	च	म	स	ड	व	छ	ए	श	ब
ऊ	द	ठ	◌ि	◌्	प	इ	◌ो	◌े	ष	ग	च	न	◌े
क	त	ष	ट	स	र	द	फ	स	थ	र	च	त	◌ं
◌ु	क	द	थ	थ	◌्	◌े	◌ा	◌्	थ	ड	छ	ल	च
र	◌ि	◌ी	र	ए	द	त	स	क	ध	उ	स	ल	द
◌्	य	प	व	भ	◌े	अ	र	र	झ	◌ू	ल	◌ा	र
स	◌ा	क	प	द	य	ल	म	घ	फ	ब	थ	म	◌्
◌ी	ए	च	भ	ठ	ण	म	ध	श	न	य	घ	ऊ	प
ग	द	◌्	द	◌ा	प	◌ा	य	ग	ल	ट	द	र	ण
भ	फ	ण	ञ	व	भ	र	ल	छ	ल	य	ण	ड	ढ
ट	स	फ	ग	ढ	ऊ	◌ि	ठ	फ	आ	◌ी	श	प	भ
क	◌ु	श	न	ष	द	य	च	◌ु	प	ध	च	ख	ञ
श	ध	ण	इ	ण	थ	◌ो	ध	ट	म	घ	छ	◌ा	ढ
ख	य	श	न	आ	ध	◌ं	र	न	य	प	ण	च	छ

गलीचा
तकिया
बेंच
बिस्तर
कुशन
गद्दा
पर्दे
ड्रेसर
डेस्क
दर्पण
अलमारियों
फुटन
झूला
दीपक
कुर्सी
सोफा

5 - Pesca

द	च	फ	घ	ख	ध	स	उ	छ	त	◌ा	र	प	ख
ह	ए	र	उ	ध	ध	म	भ	ट	झ	स	ट	ल	ल
प	ढ	द	त	ध	ड	◌ु	ढ	न	द	◌ौ	छ	ष	ट
च	न	द	व	ब	ठ	द	छ	इ	ग	◌ि	ल	◌्	स
ग	फ	थ	न	◌ा	व	◌्	व	न	ख	द	घ	अ	स
छ	ध	ढ	ञ	द	प	र	ज	म	म	श	ठ	त	◌ा
ज	ब	ड	◌़	◌ा	ए	त	न	श	ह	छ	ग	◌ि	ग
र	स	◌ो	इ	य	◌ा	ट	फ	ण	◌ु	ए	उ	श	र
ऋ	त	◌ु	ध	न	स	ऊ	न	उ	क	त	ढ	य	ए
ठ	ञ	ट	ढ	◌ै	ट	ड	ल	प	च	ञ	ल	◌ो	स
त	ग	ट	◌ो	क	र	◌ौ	ख	क	◌ा	न	ए	क	ञ
ऊ	र	ल	प	◌ं	ख	◌्	ह	र	र	न	ह	◌्	ग
इ	छ	ण	ऊ	द	न	घ	य	ण	◌ा	थ	◌ौ	त	न
व	ञ	त	स	य	ञ	ढ	ग	उ	ष	श	च	◌ि	श

पानी
पंख
नाव
गिल्स
तार
चारा
टोकरी
रसोइया
उपकरण
अतिशयोक्ति

हुक
झील
जबड़ा
सागर
धैर्य
वजन
समुद्र तट
नदी
ऋतु

6 - Aviones

ई	म	ण	द	फ	द	व	◌ा	य	◌ु	म	◌ं	ड	ल
◌ं	स	◌ौ	श	भ	◌ि	र	ग	प	भ	स	ञ	य	र
ध	ख	इ	स	ष	श	उ	◌ु	घ	ख	च	आ	◌ा	ठ
न	ऊ	भ	◌ा	म	◌ा	व	ब	प	ग	ढ	छ	त	इ
ग	ठ	आ	ह	◌ा	इ	ड	◌्	र	◌ो	ज	न	◌्	भ
इ	ट	उ	स	ए	ए	इ	ब	ल	ब	घ	ह	र	ड
प	त	व	◌ि	ब	द	ल	◌ा	इ	घ	ध	ठ	◌ी	◌ि
व	ऊ	◌ि	क	आ	प	भ	र	ट	घ	इ	ब	ट	ज
श	◌ा	ल	ह	क	ष	इ	◌ा	भ	भ	य	श	र	◌ा
ञ	भ	य	ण	◌ा	न	◌े	व	◌ि	ग	◌े	ट	र	इ
च	ण	ण	◌ु	श	स	ट	इ	प	◌ा	य	ल	ट	न
क	◌्	र	◌ू	फ	उ	ऊ	◌ं	च	◌ा	ई	आ	घ	भ
अ	श	◌ा	◌ं	त	◌ि	ए	ज	अ	व	त	र	ण	फ
फ	ड	ए	च	ग	ञ	थ	न	◌ि	र	◌्	म	◌ा	ण

वायु
ऊंचाई
अवतरण
वायुमंडल
साहसिक
आकाश
मौसम
ईंधन
निर्माण
दिशा
डिजाइन
गुब्बारा
हाइड्रोजन
इतिहास
इंजन
नेविगेट
यात्री
पायलट
क्रू
अशांति

7 - Tipos de Cabello

ख	य	ए	ध	ग	ञ	ञ	म	च	ष	उ	स	त	स
ख	◌ो	प	ड	◌़	◌ी	ल	ट	म	भ	इ	य	ठ	ट
ल	ह	र	◌ा	त	◌ी	य	आ	क	छ	◌ू	र	छ	घ
ल	ट	म	भ	ष	न	व	य	द	ड	म	र	उ	च
ऊ	ऊ	स	◌ू	ख	◌ा	इ	भ	◌ा	च	ष	घ	◌ा	◌ा
थ	ल	फ	ट	ब	र	ण	उ	र	क	ब	व	म	◌ँ
ग	छ	◌े	न	र	म	स	न	त	र	म	ह	उ	द
ण	उ	द	ल	न	त	इ	ट	द	◌्	ण	ए	ष	◌ी
ख	र	ब	स	◌्	व	स	◌्	थ	ल	◌ं	ब	◌ा	ड
घ	ग	◌ो	र	◌ा	क	◌ा	ल	◌ा	फ	च	च	ह	उ
घ	◌ु	◌ं	घ	र	◌ा	ल	◌े	र	ब	व	ध	म	ड
भ	य	उ	ज	आ	द	थ	य	ऊ	ग	ह	◌ू	फ	आ
घ	द	ञ	ऊ	◌ा	य	घ	ञ	ग	थ	ण	स	ठ	फ
म	◌ो	ट	◌ा	ध	ऊ	भ	प	त	ल	◌ा	र	ग	ग

सफेद
चमकदार
खोपड़ी
गंजा
कम
पतला
धूसर
मोटा
लंबा
भूरा

काला
लहराती
चाँदी
घुंघराले
कर्ल
गोरा
स्वस्थ
सूखा
नरम
लट

8 - Herramientas de Cocina

घ	ल	थ	च	च	म	ञ	र	ढ	ण	क	भ	व	ध
ण	ट	ब	र	म	ढ	ज	ब	प	ट	ा	क	च	ब
व	इ	न	श	्	व	ड	ू	ए	फ	ं	ै	ण	द
त	ठ	व	ञ	म	म	छ	न	स	्	ट	ं	आ	प
ट	ब	छ	ए	च	प	ा	न	त	र	ा	च	ब	ि
ऊ	ख	ढ	क	्	क	न	म	ञ	ि	ल	ी	ध	स
म	उ	ढ	े	च	य	ह	त	ी	ज	र	ऊ	थ	ा
ओ	न	घ	त	ा	ट	न	ठ	क	ट	ल	र	ी	ई
च	व	ण	ल	क	ो	ल	ं	ड	र	र	न	त	य
भ	र	न	ी	ू	स	्	ट	ो	व	थ	च	त	ं
र	ं	ठ	थ	ट	्	ध	घ	ढ	उ	य	ढ	र	त
उ	ग	स	च	श	ट	च	स	छ	य	व	ढ	छ	्
म	फ	इ	द	ऊ	र	म	म	ए	ढ	ध	ए	व	र
ड	घ	ष	व	छ	न	द	न	द	फ	इ	द	ल	ग

केतली
कोलंडर
कटलरी
चम्मच
चाकू
रंग
स्टोव
जूसर
ओवन
पिसाई यंत्र
फ्रिज
ढक्कन
कांटा
थर्मामीटर
कैंची
टोस्टर

9 - Ciencia Ficción

ड	ब	ल	न	प	भ	स	आ	र	प	ड	म	आ	ल
ख	फ	ह	श	द	ड	उ	क	ह	र	ल	प	द	ध
छ	◌्	ष	ष	◌ु	◌ू	भ	◌ा	स	म	श	◌ु	र	ड
उ	य	ऊ	ख	न	ढ	र	श	◌्	◌ा	◌ा	स	◌्	ण
ट	◌ू	ख	द	◌ि	ध	ग	ग	य	ण	न	◌्	श	ट
प	च	र	म	य	र	श	◌ं	म	◌ु	द	त	ल	भ
छ	र	ख	ट	◌ा	भ	आ	ग	य	ब	◌ा	क	◌ो	घ
व	◌ि	स	◌्	फ	◌ो	ट	◌ा	उ	आ	र	◌े	क	ष
ह	स	◌ि	स	फ	स	स	ख	ट	इ	ञ	◌ं	ण	न
भ	◌्	न	ष	ष	ग	आ	क	◌ा	श	व	◌ा	ण	◌ी
◌्	ट	◌े	प	इ	ष	ध	ग	छ	न	ञ	ञ	प	य
र	◌ि	म	स	य	थ	◌ा	र	◌्	थ	व	◌ा	द	◌ी
म	क	◌ा	ल	◌्	प	न	◌ि	क	र	◌ो	ब	◌ो	ट
ञ	छ	ऊ	न	ढ	ठ	न	ठ	ठ	च	ह	ढ	ठ	ठ

परमाणु
सिनेमा
दूर
विस्फोट
चरम
शानदार
आग
फ्यूचरिस्टिक
आकाशगंगा
भ्रम
काल्पनिक
पुस्तकें
रहस्यमय
दुनिया
आकाशवाणी
ग्रह
यथार्थवादी
रोबोट
आदर्शलोक

10 - Juguetes

व	ञ	ध	फ	ग	ष	भ	य	भ	द	ठ	ख	त	क
ग	◌ि	व	त	स	च	स	फ	त	ठ	द	ध	र	ल
ए	◌ु	म	न	ट	छ	म	र	र	म	श	म	र	◌्
प	ब	ड	◌ा	ड	◌्	र	म	प	त	◌ं	ग	◌ो	प
◌्	श	स	◌़	न	◌ा	व	ठ	ह	◌े	स	ख	ब	न
र	त	ल	म	◌ि	च	ञ	घ	◌े	ह	◌ं	उ	◌ो	◌ा
◌ि	र	ब	◌ि	इ	य	श	◌ि	ल	◌्	प	ट	ट	ट
य	◌ं	द	ट	ल	ब	◌ा	फ	◌ी	छ	ब	स	श	◌्
ढ	ज	ट	◌्	थ	ऊ	स	भ	छ	य	ख	ध	स	र
प	फ	◌्	ट	ड	ष	ग	◌े	◌ं	द	◌े	फ	य	◌े
भ	आ	र	◌ी	न	य	ण	थ	इ	ह	ल	छ	ख	न
द	भ	क	प	◌ु	स	◌्	त	क	◌े	◌ं	न	भ	आ
ष	स	◌ा	इ	क	◌ि	ल	भ	इ	ऊ	घ	ष	थ	ञ
स	ष	र	घ	ठ	र	ल	ड	श	ऊ	ऊ	ण	स	ऊ

शतरंज
मिट्टी
शिल्प
विमान
नाव
साइकिल
गेंद
ट्रक
कार
पतंग
प्रिय
कल्पना
खेल
पुस्तकें
गुड़िया
पेंट
रोबोट
पहेली
ड्रम
ट्रेन

11 - Circo

प	ए	त	ज	◌ो	क	र	आ	स	ऊ	ध	ल	ग	प
र	ह	ज	ट	◌ा	ब	◌ा	घ	ध	ग	व	न	ट	ब
◌े	◌ा	ष	◌ा	म	न	◌ो	र	◌ं	ज	न	छ	ढ	प
ड	थ	ध	त	द	ग	व	ढ	ट	र	आ	ल	ढ	◌्
थ	◌ी	ड	ए	च	◌ू	श	र	म	त	◌ं	ब	◌ू	र
ल	ए	फ	ञ	ख	व	द	प	◌ो	श	◌ा	क	ण	द
ग	◌ु	ब	◌्	ब	◌ा	र	◌े	इ	◌ं	ड	◌ै	न	र
ए	ट	◌ं	ज	◌ा	द	◌ू	ग	र	स	ण	◌ं	ब	◌्
ध	च	द	ह	स	ड	द	ष	ग	प	ब	ड	◌ा	श
ञ	ण	र	ख	ञ	ष	घ	र	ल	ऊ	इ	◌ी	ज	न
व	ध	र	स	◌ं	ग	◌ी	त	◌्	छ	ध	ग	◌ी	स
ध	श	प	थ	छ	य	घ	ए	ठ	श	◌े	र	ग	भ
ठ	प	फ	न	द	ल	फ	ध	ञ	इ	क	ढ	र	ह
त	घ	ए	म	न	च	ह	आ	स	र	द	ग	ग	छ

नट
जानवरों
कैंडी
तंबू
परेड
हाथी
मनोरंजन
दर्शक
गुब्बारे
शेर
जादू
जादूगर
बाजीगर
बंदर
प्रदर्शन
संगीत
जोकर
बाघ
पोशाक
छल

12 - Rellenar

ल	ब	फ	ठ	ष	फ	च	ष	द	ऊ	स	व	ञ	ग
थ	ै	ल	ा	य	़	ब	ए	य	ट	्	र	े	न
ढ	र	ि	द	ण	ो	ॉ	इ	छ	ो	र	ट	घ	ह
ड	ल	फ	ध	ञ	ल	क	उ	भ	क	श	ह	ख	ठ
प	ध	ा	फ	ट	्	्	स	ठ	र	म	उ	य	उ
आ	आ	फ	द	ब	ड	स	ठ	प	ी	ब	ो	त	ल
ध	आ	ा	ह	ग	र	ध	त	च	ग	ल	ड	ढ	द
न	ठ	उ	ख	फ	ह	ह	फ	ट	ढ	ट	ठ	थ	छ
क	घ	इ	ट	ष	ू	स	ू	ट	क	े	स	आ	प
च	ा	ऊ	आ	ब	ढ	ल	ड	प	इ	उ	ञ	छ	ै
ष	ट	र	ट	घ	ह	ड	द	र	ा	ज	े	ब	क
द	ी	च	्	ण	द	ह	ब	ा	ल	्	ट	ी	े
ञ	र	त	ञ	ट	ए	फ	उ	भ	न	ष	ढ	आ	ट
छ	ट	स	ण	च	न	ट	्	य	ू	ब	ह	ञ	य

ट्रे
टब
बैरल
थैला
जेब
बोतल
बॉक्स
दराज
फ़ोल्डर
कार्टन
टोकरी
बाल्टी
घाटी
फूलदान
सूटकेस
पैकेट
लिफाफा
ट्यूब

13 - Granja #1

ब	◌ि	ल	◌्	ल	◌ी	उ	ठ	आ	घ	थ	ण	भ	म
छ	क	ऊ	त	च	प	र	स	भ	क	◌ौ	आ	ठ	ध
ड	◌ृ	र	द	◌ि	◌ा	◌्	इ	उ	घ	फ	ब	ग	◌ु
◌़	ष	ट	◌ी	क	न	व	ख	ह	व	आ	इ	र	म
◌ा	◌ि	घ	ठ	न	◌ी	र	ल	ट	द	ग	ष	ए	क
श	उ	◌ो	ए	श	ट	क	ख	ब	◌ा	ड	◌़	ब	◌्
र	ड	ड	ट	ञ	घ	भ	आ	◌े	इ	ण	म	◌ी	ख
ग	य	◌़	क	◌ु	त	◌्	त	◌ा	त	य	ग	ज	◌ी
ग	ध	◌ा	द	ध	भ	ग	ए	ञ	ण	ग	र	ष	थ
◌ा	ब	छ	ग	थ	◌ू	श	ह	द	ठ	ह	भ	ण	य
य	ह	घ	◌ा	स	म	य	प	उ	श	आ	उ	ब	थ
थ	ठ	ठ	ए	ध	◌ि	ग	न	घ	श	ण	ए	फ	ट
ञ	प	य	ब	य	भ	इ	घ	न	ब	च	ञ	ठ	आ
र	प	स	ट	च	ट	ड	च	थ	त	फ	श	ञ	इ

मधुमक्खी
कृषि
पानी
चावल
गधा
घोड़ा
बकरी
खेत
कौआ
उर्वरक

बिल्ली
घास
शहद
कुत्ता
चिकन
बीज
बछड़ा
भूमि
गाय
बाड़

14 - Camping

न	प	थ	ण	व	द	उ	प	क	र	ण	ड	ड	ण
घ	ह	द	ख	आ	स	ण	◌े	◌्	न	आ	र	◌ो	ब
ल	◌ा	ल	ट	◌े	न	ढ	ड	स	र	ग	र	◌ं	म
द	ड	श	◌ो	ए	र	ग	◌़	फ	◌ा	क	ग	ग	थ
◌ि	◌़	◌ि	प	उ	न	स	श	उ	भ	ह	◌ृ	◌ी	आ
क	ए	क	◌ी	ड	इ	य	◌्	थ	ध	आ	स	त	भ
◌्	छ	◌ा	र	ए	व	द	ऊ	स	ट	थ	ऊ	◌ि	◌ि
स	श	र	छ	इ	न	य	म	ड	◌ी	ऊ	च	उ	क
◌ू	स	क	क	◌े	ब	◌ि	न	झ	◌ी	ल	ठ	ठ	◌ी
च	श	र	म	च	◌ा	◌ँ	द	◌ू	ण	व	त	थ	ट
क	द	न	क	◌्	श	◌ा	ख	ल	ऊ	प	ट	व	थ
घ	ज	◌ा	न	व	र	◌ो	◌ं	◌ा	उ	ध	ञ	द	आ
उ	ग	ण	ठ	ए	ग	य	श	ण	र	छ	स	च	न
ष	ख	ड	प	घ	ब	व	ण	छ	ञ	ञ	ध	ढ	द

जानवरों
साहसिक
पेड़
वन
दिक्सूचक
केबिन
डोंगी
शिकार करना
रस्सी
उपकरण

आग
झूला
कीट
झील
लालटेन
चाँद
नक्शा
पहाड़
प्रकृति
टोपी

15 - Fruta

स	ड	र	ब	ढ	च	ए	ण	व	घ	प	व	अ	च
भ	◌े	ष	ए	ए	ए	व	◌ो	क	◌ा	ड	◌ो	म	◌े
अ	ह	ब	◌े	र	◌ी	ब	त	◌े	ध	ख	र	र	र
अ	न	द	छ	र	क	आ	आ	ल	स	◌ु	न	◌ू	◌ी
◌ं	◌ा	न	फ	उ	◌ी	घ	ड	◌ा	य	ब	प	द	ख
ग	र	◌ा	◌्	छ	व	श	फ	◌़	त	◌ा	ल	◌ू	च
◌ू	◌ं	र	ख	न	◌ी	◌ं	ब	◌ू	◌ू	न	आ	ष	द
र	ग	◌ि	घ	न	◌ा	श	प	◌ा	त	◌ी	ए	ञ	थ
ष	◌ी	य	ए	ल	ल	स	ठ	र	स	भ	र	◌ी	द
र	य	ल	ष	द	ड	ग	ह	इ	ग	ठ	आ	ऊ	प
त	प	त	च	छ	ग	ढ	य	ब	ब	ट	म	ण	प
त	र	ब	◌ू	ज	ऊ	न	र	र	ढ	इ	न	छ	◌ी
ख	श	त	फ	ख	स	ठ	ट	य	इ	ष	आ	ठ	त
फ	ण	ह	ऊ	स	ट	ए	ह	भ	प	त	घ	आ	◌ा

एवोकाडो
खुबानी
बेरी
चेरी
नारियल
रसभरी
अमरूद
कीवी
नींबू
आम

सेब
आड़ू
तरबूज
नारंगी
शफ़तालू
पपीता
नाशपाती
अनन्नास
केला
अंगूर

16 - Geología

म	ह	◌ा	द	◌्	व	◌ी	प	ए	स	◌ि	ड	आ	ढ
क	फ	य	ज	क	प	ठ	च	क	◌्	र	ऊ	श	आ
◌्	म	प	स	◌्	ट	◌ै	ल	◌े	क	◌्	ट	◌ि	ट
र	य	ञ	च	ष	व	थ	ष	ष	भ	ठ	ह	ष	उ
◌ि	श	घ	ल	◌े	क	◌ा	उ	त	न	ग	घ	प	न
स	प	ए	◌ा	त	ट	◌्	ल	ध	ए	◌ु	छ	म	इ
◌्	ग	ए	व	◌्	◌ा	भ	व	◌ा	प	फ	त	◌ू	म
ट	ष	ख	◌ा	र	व	ज	◌ू	◌ा	म	◌ा	ल	◌ं	उ
ल	प	त	◌्	थ	र	◌ी	छ	क	र	◌ु	ठ	ग	ए
ञ	छ	ह	म	ष	इ	व	ख	ए	◌ं	◌्	ख	◌ा	ठ
म	उ	इ	श	ढ	ध	◌ा	न	म	क	प	ट	◌ी	ञ
य	ए	क	◌ै	ल	◌्	श	◌ि	य	म	ठ	छ	◌्	ट
व	घ	ल	उ	भ	छ	◌्	ज	घ	च	◌ा	ग	च	ज
ड	ध	म	र	म	घ	म	ए	इ	प	र	त	व	र

एसिड
कैल्शियम
परत
गुफा
चक्र
महाद्वीप
मूंगा
क्रिस्टल
कार्ट्ज
कटाव
स्टैलेक्टाइट
जीवाश्म
लावा
पठार
खनिज
पत्थर
नमक
भूकंप
ज्वालामुखी
क्षेत्र

17 - Plantas

य	स	इ	ग	य	फ	◌ू	ल	प	म	ञ	उ	प	न
श	व	◌ू	ब	ग	◌ी	च	◌ा	◌े	आ	घ	ध	त	व
घ	य	उ	र	◌्	व	र	क	ड	व	इ	ट	◌्	न
ड	प	ठ	ह	◌्	ञ	उ	◌ै	◌़	ह	व	व	त	स
ऊ	ट	न	ण	र	य	स	क	ठ	म	य	घ	◌ी	◌्
य	ए	फ	ग	व	न	ञ	◌्	ब	ढ	◌़	न	◌ा	प
द	थ	भ	ए	प	घ	ल	ट	◌ु	ऊ	र	आ	ल	त
ब	◌े	र	◌ी	त	त	श	स	श	ञ	द	आ	ह	◌ि
ऊ	इ	ड	ए	◌्	छ	◌्	ऊ	ष	ए	ब	स	◌े	म
ज	ड	◌़	त	त	इ	ल	त	फ	घ	◌ा	स	इ	ग
ञ	ड	उ	ध	◌ा	य	श	ढ	◌े	ल	◌ं	क	◌ा	ई
ण	उ	ठ	ग	र	आ	आ	घ	स	प	स	स	ठ	ठ
इ	ण	स	फ	ग	ण	ञ	ष	न	स	ढ	च	र	आ
व	आ	ठ	ड	म	थ	ष	थ	छ	व	छ	भ	र	ट

बुश
पेड़
बांस
बेरी
वन
कैक्टस
बढ़ना
उर्वरक
फूल
पत्ते
सेम
आइवी
घास
पत्ता
बगीचा
काई
पत्ती
जड़
सूर्य
वनस्पति

18 - Suministros de Arte

क	◌ु	र	◌्	स	◌ी	प	व	ष	ल	र	छ	प	र
प	◌े	स	◌्	ट	ल	◌े	स	◌ि	ट	च	ऊ	ख	ग
◌े	फ	इ	ग	च	ग	◌ं	◌्	स	च	न	ण	व	र
◌ं	ल	क	ट	फ	थ	ट	य	ह	◌ि	◌ा	ऊ	द	प
स	ठ	◌ा	◌े	ण	घ	न	◌ा	ण	त	त	र	◌ं	ग
◌ि	उ	ग	ब	फ	य	ड	ह	ट	◌्	◌्	म	◌ो	आ
ल	फ	ज	ल	र	◌ं	ग	◌ी	व	र	म	फ	घ	◌ं
म	◌ि	ट	◌्	ट	◌ी	ग	ड	स	फ	क	आ	ल	व
ब	श	ढ	ण	र	थ	म	◌ो	ख	ल	त	◌े	ल	ड
द	◌्	ड	न	ब	क	न	थ	◌ं	क	◌ा	ग	ट	द
ड	च	र	न	ड	◌ै	ठ	ड	ढ	द	ध	प	उ	य
र	द	व	श	◌़	म	आ	ष	ष	ठ	श	◌ा	ट	ट
द	ड	ए	क	◌्	र	◌ि	ल	◌ि	क	त	न	श	द
च	ख	थ	ग	व	◌ा	त	इ	फ	ण	त	◌ी	इ	थ

तेल
एक्रिलिक
जल रंग
पानी
मिट्टी
रबड़
चित्रफलक
कैमरा
ब्रश
रंग
रचनात्मकता
विचारों
पेंसिल
टेबल
कागज
पेस्टल
गोंद
पेंट
कुर्सी
स्याही

19 - Jardín

व	ब	च	ऊ	उ	ब	ञ	फ	ष	ब	घ	फ	फ	ग
न	श	त	ट	ब	◌ु	र	◌े	क	च	इ	ल	श	उ
आ	च	इ	ञ	ए	श	घ	◌ा	स	ह	फ	◌ो	ब	फ
ध	म	घ	घ	ठ	उ	उ	ञ	म	प	आ	द	◌ा	◌ू
त	◌ा	ल	◌ा	ब	म	ट	थ	ञ	द	थ	◌्	ड	ल
थ	ह	छ	त	ए	भ	ण	उ	ग	त	◌ा	य	◌़	छ
व	घ	ट	ब	झ	ब	◌े	◌ं	च	न	म	◌ा	त	म
ह	ऊ	ण	ख	ञ	◌ू	ग	◌ै	र	◌े	ज	न	स	ल
प	◌े	ड	◌़	ञ	न	ल	◌ी	उ	र	द	आ	त	ए
थ	ऊ	य	छ	उ	इ	प	◌ा	च	र	व	ल	◌ॉ	न
ड	ष	ठ	व	न	छ	ण	ग	फ	◌ा	व	ड	◌़	◌ा
य	च	ट	◌्	ट	◌ा	न	◌ो	◌ं	च	ण	भ	स	द
ट	◌्	र	◌े	म	◌्	प	◌ो	ल	◌ि	न	ठ	ए	ट
इ	थ	भ	ण	म	ल	स	व	र	ब	स	छ	फ	ण

बुश
पेड़
बेंच
लॉन
तालाब
फूल
गैरेज
झूला
घास
फलोद्यान

बगीचा
मातम
नली
फावड़ा
बरामदा
रेक
चट्टानों
छत
ट्रेम्पोलिन
बाड़

20 - Países #2

ऑ	प	◌ु	र	◌्	त	ग	◌ा	ल	आ	आ	ज	ऑ	प
श	स	अ	ल	◌्	ब	◌ा	न	◌ि	य	◌ा	◌ा	स	फ
घ	ख	◌्	ण	श	श	द	घ	इ	र	थ	प	◌्	स
ष	ट	य	ट	ल	द	ध	ड	थ	ल	ण	◌ा	ट	ह
र	◌ू	स	ठ	◌्	◌ा	ए	स	◌ि	◌ै	ढ	न	◌्	इ
य	◌ू	न	◌ा	न	र	ओ	व	य	◌ं	घ	उ	र	◌ं
ज	म	◌ै	क	◌ा	ठ	◌े	स	◌ो	ड	थ	भ	◌ि	ड
ल	इ	◌े	ल	ट	ह	ब	ल	प	ब	फ	व	य	◌ो
घ	द	ख	क	ग	प	◌ा	क	◌ि	स	◌्	त	◌ा	न
प	य	◌ू	क	◌्	र	◌े	न	य	य	र	ब	ठ	◌े
ए	ग	ल	ए	म	स	र	ए	◌ा	ण	◌ा	ढ	ष	श
स	◌ू	ड	◌ा	न	ख	◌ि	इ	ए	ष	◌ं	ढ	त	◌ि
स	◌ी	र	◌ि	य	◌ा	ब	क	छ	इ	स	ढ	न	य
ड	◌े	न	म	◌ा	र	◌्	क	◌ो	ख	छ	ण	ए	◌ा

अल्बानिया
ऑस्ट्रेलिया
ऑस्ट्रिया
डेनमार्क
इथियोपिया
फ्रांस
यूनान
इंडोनेशिया
आयरलैंड
जमैका
जापान
लाओस
मेक्सिको
पाकिस्तान
पुर्तगाल
रूस
सीरिया
सूडान
यूक्रेन

21 - Tecnología

ड	स	र	थ	य	ह	न	ए	क	र	◌्	स	र	स
थ	◌ं	व	आ	क	◌ै	म	र	◌ा	ल	भ	◌ॉ	भ	◌्
घ	ग	थ	भ	छ	थ	ब	छ	ठ	ए	ख	फ	ड	क
ञ	ण	स	◌ा	◌ं	ख	◌्	य	◌ि	क	◌ी	◌्	फ	◌्
स	क	घ	स	इ	स	ल	ड	◌े	ट	◌ा	ट	◌़	र
इ	◌ं	थ	◌ी	उ	◌ु	◌ॉ	ड	ऊ	ए	ब	व	◌ॉ	◌ी
अ	व	द	द	ल	र	ग	ए	◌ि	ध	य	◌े	न	न
ग	न	भ	◌े	इ	क	ञ	ग	आ	ज	घ	य	◌्	छ
न	द	◌ु	न	श	◌्	ध	उ	ब	ल	◌ि	र	ट	ए
ह	ञ	ध	स	प	ष	फ	◌़	◌ा	इ	ल	ट	र	श
ल	उ	ढ	द	◌ं	◌ा	ऊ	ऊ	इ	आ	ड	ट	ल	आ
व	◌ा	इ	र	स	ध	थ	भ	ट	ग	थ	ढ	र	ए
ख	द	ड	य	ख	ल	◌ा	इ	◌्	आ	न	उ	फ	ह
इ	◌ं	ट	र	न	◌े	ट	न	स	ह	ध	फ	ऊ	व

फ़ाइल
ब्लॉग
बाइट्स
कैमरा
कर्सर
डेटा
डिजिटल
सांख्यिकी
फ़ॉन्ट
इंटरनेट
अनुसंधान
संदेश
संगणक
स्क्रीन
सुरक्षा
सॉफ्टवेयर
आभासी
वाइरस

22 - Números

व	म	द	ब	◌ी	स	त	प	◌ं	द	◌्	र	ह	घ
ख	प	य	◌ा	द	आ	श	◌े	इ	छ	त	श	ग	ए
स	त	◌्	र	ह	च	◌ू	ग	र	ह	श	◌ी	ख	म
य	ण	त	ह	उ	ल	न	म	ड	ह	द	◌ो	न	स
प	प	र	उ	ध	ढ	◌्	ध	भ	य	ट	ए	र	ट
◌ा	म	ख	छ	न	◌ौ	य	र	स	प	ग	प	छ	त
◌ं	ठ	ञ	आ	ब	◌्	र	द	व	आ	श	प	व	च
च	न	इ	ण	ग	च	न	स	य	स	च	ऊ	आ	◌ा
द	आ	ढ	श	ठ	त	ल	◌ी	घ	◌ो	◌ौ	ऊ	ढ	र
द	श	म	ल	व	प	प	ल	स	ल	द	थ	उ	ढ
ब	ल	द	र	ऊ	उ	भ	ञ	फ	ह	ह	व	व	फ
स	छ	थ	म	स	य	आ	छ	ठ	भ	छ	ह	ध	ह
म	श	ड	ञ	◌ा	अ	ठ	◌ा	र	ह	ऊ	ग	थ	श
ञ	र	द	व	त	थ	भ	ढ	भ	भ	स	ष	ण	ञ

चौदह
शून्य
पांच
चार
दशमलव
उन्नीस
अठारह
सोलह
सत्रह
दस

बारह
दो
नौ
आठ
पंद्रह
छह
सात
तेरह
तीन
बीस

23 - Mitología

भ	ह	श	म	◌ू	ल	र	◌ू	प	आ	द	र	◌्	श
◌ू	म	फ	स	◌ृ	ज	न	◌ा	थ	य	इ	फ	व	ऊ
ल	इ	ड	प	च	◌ं	द	ख	क	व	य	ऊ	◌ि	ध
भ	उ	ई	छ	म	त	◌ा	क	त	◌्	भ	त	श	थ
◌ु	आ	च	र	व	◌ु	प	आ	र	य	ष	ट	◌्	ढ
ल	य	◌ो	द	◌्	ध	◌ा	ठ	ड	व	स	स	व	ध
◌ै	स	भ	न	र	ष	थ	स	आ	ह	ब	◌्	◌ा	श
य	य	◌ं	ऊ	इ	स	◌्	ल	प	◌ा	ख	व	स	फ
◌ा	ठ	य	स	ए	र	ए	य	द	र	ष	र	◌ो	म
न	◌ा	य	क	◌्	ब	द	ल	◌ा	य	ञ	◌्	◌ं	ढ
अ	म	र	त	◌ा	क	ब	◌ि	ज	ल	◌ी	ग	ट	श
ऊ	भ	प	ब	ब	ध	◌ृ	ठ	श	फ	ष	र	ऊ	भ
ण	ण	ख	स	ए	द	◌ं	त	क	थ	◌ा	ज	थ	आ
न	श	◌्	व	र	थ	थ	ग	◌ि	ट	ए	इ	इ	न

मूलरूप आदर्श
ईर्ष्या
स्वर्ग
व्यवहार
सृजन
विश्वासों
जंतु
संस्कृति
आपदा
ताकत
योद्धा
नायक
अमरता
भूलभुलैया
दंतकथा
राक्षस
नश्वर
बिजली
गरज
बदला

24 - Ecología

प	◌्	र	◌ा	क	◌ृ	त	◌ि	क	ष	घ	व	स	प
श	फ	भ	ज	ल	व	◌ा	य	◌ु	स	आ	स	म	◌्
◌ु	ग	प	प	थ	आ	◌ै	र	ठ	इ	फ	◌ं	◌ु	र
व	ट	भ	द	ल	द	ल	श	उ	भ	थ	स	द	ज
व	◌ि	स	म	◌ु	द	◌ा	य	◌्	ए	फ	◌ा	◌्	◌ा
न	क	व	ल	ष	व	य	ग	ध	व	ए	ध	र	त
ढ	◌ा	ह	◌ि	ध	ग	ध	च	य	स	◌ि	न	◌ी	◌ि
व	ऊ	स	र	ध	य	भ	इ	भ	ञ	ए	क	ध	य
प	न	उ	त	◌्	त	र	ज	◌ी	व	◌ि	त	◌ा	◌ा
◌ौ	छ	स	स	◌ू	ख	◌ा	ल	थ	फ	ठ	ड	भ	◌ं
ध	भ	म	◌्	घ	प	व	प	ह	◌ा	ड	◌़	◌ो	◌ं
◌े	फ	ल	ग	प	◌्	र	क	◌ृ	त	◌ि	म	छ	च
त	व	घ	आ	श	त	य	त	र	उ	इ	ड	थ	छ
न	घ	ऊ	ञ	घ	न	◌ि	श	ण	छ	म	ल	घ	छ

जलवायु
समुदाय
विविधता
प्रजातियां
पशु
वैश्विक
समुद्री
पहाड़ों
प्राकृतिक
प्रकृति
दलदल
पौधे
संसाधन
सूखा
टिकाऊ
उत्तरजीविता
वनस्पति

25 - Casa

ब	◌ा	ड	◌़	प	भ	र	च	त	घ	थ	ख	र	ण
ए	ध	उ	भ	◌ु	आ	ञ	उ	ल	ह	घ	ए	स	न
ऊ	ध	ड	फ	स	ब	◌ौ	छ	◌ा	र	ख	ख	◌ो	ण
द	ह	भ	आ	◌्	ग	ल	◌ी	च	◌ा	ठ	◌ा	ई	अ
न	ध	न	स	त	◌ी	इ	ष	म	श	ऊ	ट	न	ट
र	ल	ढ	ल	क	च	ट	द	झ	◌ा	ड	◌़	◌ू	◌ा
ञ	प	भ	ल	◌ा	◌ा	म	◌ी	ल	छ	स	ठ	य	र
द	ठ	थ	इ	ल	ब	श	व	य	उ	म	व	घ	◌ी
थ	◌ी	भ	थ	य	त	ड	◌ा	ठ	इ	प	थ	द	ढ
व	ट	प	थ	भ	च	फ	र	ध	ऊ	श	म	र	ढ
ल	ल	न	क	ख	◌ि	ड	◌़	क	◌ी	भ	भ	व	भ
द	र	◌्	प	ण	म	ग	◌ै	र	◌े	ज	छ	◌ा	त
भ	ग	फ	श	य	न	क	क	◌्	ष	फ	त	ज	ठ
ह	श	य	र	ब	◌ी	ष	त	य	ब	त	ण	◌ा	च

गलीचा
अटारी
पुस्तकालय
चिमनी
रसोई
शयनकक्ष
बौछार
झाड़
दर्पण
गैरेज
नल
बगीचा
दीपक
दीवार
तल
दरवाजा
तहखाना
छत
बाड़
खिड़की

26 - Artes Visuales

र	च	न	◌ा	त	◌्	म	क	त	◌ा	इ	द	क	र
प	र	◌ि	प	◌्	र	◌े	क	◌्	ष	◌्	य	ल	ण
ऊ	इ	फ	त	ल	व	प	◌े	◌ं	स	◌ि	ल	◌ा	थ
न	ए	छ	◌ि	र	श	व	भ	थ	व	ड	ए	क	ग
उ	ढ	ग	ढ	ल	आ	आ	उ	न	◌ा	ग	च	◌ा	ख
स	स	ण	ध	य	◌्	श	ढ	उ	स	व	च	र	म
ग	घ	ड	म	ड	छ	म	◌ि	ट	◌्	ट	◌ी	ष	ब
स	◌्	ट	◌ै	◌ं	स	◌ि	ल	ऊ	त	र	म	◌ो	म
फ	ऊ	भ	ऊ	ठ	र	र	प	व	◌ु	श	च	◌ा	क
च	◌ि	त	◌्	र	फ	ल	क	ऊ	क	व	स	न	ष
म	◌ि	म	◌ू	र	◌्	त	◌ि	क	ल	◌ा	ण	क	◌ा
य	न	त	स	◌्	व	◌ी	र	स	◌ा	ख	च	◌ृ	य
च	◌ि	त	◌्	र	क	◌ा	र	◌ी	क	ल	म	त	घ
ण	ख	व	◌ा	र	◌्	न	◌ि	श	ढ	र	ब	◌ि	श

मिट्टी
वास्तुकला
कलाकार
वार्निश
चित्रफलक
मोम
रचना
रचनात्मकता
मूर्तिकला
तस्वीर

पेंसिल
कृति
फिल्म
परिप्रेक्ष्य
चित्रकारी
स्टैंसिल
कलम
चित्र
चाक

27 - Escuela #2

व	व	प	◌ु	स	◌्	त	क	◌ा	ल	य	श	र	उ
स	◌ि	क	◌ै	ल	◌े	◌ं	ड	र	ऊ	छ	◌ै	स	ञ
ध	ज	ग	र	ब	स	ए	श	प	उ	ड	क	र	ढ
क	◌्	श	भ	◌ै	ढ	म	आ	प	◌ू	र	◌्	त	◌ि
◌ै	ञ	द	ब	ग	य	ञ	इ	ढ	स	र	ष	प	ऊ
◌ं	◌ा	ब	श	◌्	प	श	य	ड	◌ा	य	◌ि	◌े	प
च	न	व	इ	◌ि	द	◌ि	ठ	घ	ह	स	क	◌ं	◌ु
◌ी	ह	व	आ	न	क	क	ए	ल	◌ि	◌ं	श	स	स
व	त	◌्	ऊ	ख	ह	◌्	◌ो	द	त	ग	च	◌ि	◌्
ग	छ	य	क	घ	आ	ष	ष	श	◌्	ण	आ	ल	त
ह	ण	◌ा	ष	प	ऊ	क	श	◌ा	य	क	म	इ	क
ब	ष	क	आ	त	ड	द	म	स	क	◌ा	ग	ज	◌े
ठ	म	र	आ	त	फ	◌़	प	ढ	◌़	न	◌ा	उ	◌ं
ध	ल	ण	ट	ए	उ	ख	◌े	ल	र	आ	ख	च	श

शैक्षिक
बस
पुस्तकालय
कैलेंडर
विज्ञान
शब्दकोश
शिक्षा
व्याकरण
खेल
पेंसिल
पढ़ना
पुस्तकें
साहित्य
बैग
संगणक
कागज
शिक्षक
कपड़े
आपूर्ति
कैंची

28 - Selva Tropical

फ	व	श	ण	ठ	व	ध	म	स	ञ	स	क	त	उ
आ	द	र	ब	ह	◌ा	ल	◌ी	◌्	च	◌ं	◌ा	ब	त
ध	उ	ण	ग	म	न	छ	ध	त	प	र	ई	◌ा	◌्
ठ	भ	फ	श	व	स	इ	ह	न	◌्	क	प	द	त
क	ड	उ	छ	थ	◌्	छ	स	ध	र	◌्	◌्	ल	र
ज	◌ी	ख	न	स	प	ढ	श	◌ा	क	ष	र	ष	ज
च	ल	ड	ड	ठ	त	द	आ	र	◌ृ	ण	ज	स	◌ी
प	छ	व	◌़	द	◌ि	ण	ए	◌ी	त	ग	◌ा	◌्	व
घ	घ	◌ि	◌ा	◌े	क	भ	ऊ	ग	◌ि	ह	त	व	◌ि
ज	फ	व	ष	य	उ	भ	य	च	र	च	◌ि	द	त
◌ं	र	◌ि	उ	ग	◌ु	स	म	◌ु	द	◌ा	य	◌े	◌ा
ग	ए	ध	म	◌ू	ल	◌्	य	व	◌ा	न	◌ा	श	व
ल	ख	त	ल	ठ	श	आ	ग	छ	ध	स	◌ं	◌ी	ग
म	न	◌ा	प	ल	न	ए	फ	ए	ढ	ड	थ	फ	ध

उभयचर
वानस्पतिक
जलवायु
समुदाय
विविधता
प्रजातियां
स्वदेशी
कीड़े
स्तनधारी
काई

प्रकृति
बादल
पक्षी
संरक्षण
शरण
आदर
बहाली
जंगल
उत्तरजीविता
मूल्यवान

29 - Adjetivos #1

स	ठ	स	छ	ण	फ	ध	अ	ग	ष	ट	ल	ठ	आ
म	◌ू	ल	◌्	य	व	◌ा	न	◌ं	च	स	ख	ध	ध
ह	ट	फ	ढ	आ	ल	ड	ड	भ	ध	ण	भ	भ	◌ु
त	फ	ञ	प	ष	आ	ए	त	◌ी	श	◌े	ब	उ	न
◌्	श	ए	भ	प	य	क	आ	र	थ	ध	र	द	◌ि
व	ई	म	◌ा	न	द	◌ा	र	य	◌ु	व	◌ा	◌ा	क
प	◌ि	ह	र	ए	स	त	स	◌्	ध	ड	ब	र	उ
◌ू	ट	श	◌ी	आ	क	स	ल	द	ष	थ	ड	ञ	त
र	द	ऊ	◌ा	ह	◌्	ध	घ	ढ	न	क	◌़	फ	◌्
◌्	उ	ञ	य	ल	र	म	◌ा	स	◌ू	म	◌ा	र	त
ण	ह	ष	श	ह	◌ि	उ	ज	◌्	ज	◌्	व	ल	म
उ	ध	◌ी	म	◌ा	य	न	◌ि	र	प	◌े	क	◌्	ष
म	ह	त	◌्	व	◌ा	क	◌ा	◌ं	क	◌्	ष	◌ी	ए
ख	◌ु	श	ब	◌ू	द	◌ा	र	ञ	ष	ब	स	ल	ध

निरपेक्ष
सक्रिय
महत्वाकांक्षी
खुशबूदार
आकर्षक
उज्ज्वल
विशाल
उदार
बड़ा
ईमानदार
महत्वपूर्ण
मासूम
युवा
धीमा
आधुनिक
अंधेरा
उत्तम
भारी
गंभीर
मूल्यवान

30 - Familia

च	म	भ	ब	इ	भ	थ	ब	ब	छ	ऊ	ढ	ऊ	ठ
भ	◌ा	ई	◌ी	ढ	त	त	च	ब	थ	उ	ण	आ	छ
त	त	च	व	ब	◌ी	ल	◌्	ठ	◌े	च	◌ा	च	◌ा
◌ी	◌ृ	य	◌ी	ढ	ज	म	च	ष	ग	ट	ए	स	द
ज	ट	य	म	फ	◌ा	द	◌े	ब	थ	ल	◌ी	ऊ	◌ा
◌ी	ध	ह	म	◌ा	◌ं	◌ा	म	ह	छ	थ	घ	इ	द
ब	य	ञ	द	ख	र	द	ष	न	ढ	ख	उ	न	◌ा
र	ग	भ	ए	द	ऊ	◌ी	थ	फ	ण	स	न	स	म
ष	ठ	ऊ	ब	च	च	◌े	र	◌ा	भ	◌ा	ई	आ	च
ट	ञ	आ	श	च	र	थ	च	ट	न	ह	ण	ए	इ
ऊ	ह	प	◌ू	र	◌्	व	ज	श	ष	ल	ड	र	ग
प	◌ो	त	◌ा	श	ह	च	श	व	त	म	उ	इ	ण
आ	प	◌ि	त	◌ा	ल	ड	◌ा	प	ड	उ	ढ	भ	घ
थ	इ	न	ष	ब	च	प	न	श	ण	ठ	ऊ	म	ड

दादी
दादा
पूर्वज
बीवी
बहन
भाई
बेटी
बचपन
मां
पति

मातृ
पोता
बच्चा
बच्चे
पिता
चचेरा भाई
भतीजी
भतीजा
चाची
चाचा

31 - Disciplinas Científicas

श	र	◌ी	र	र	च	न	◌ा	भ	म	ए	व	छ	ग
भ	च	प	ध	ब	प	र	ल	◌ौ	ब	म	ष	ए	स
प	◌ा	◌ो	स	इ	य	◌ा	◌ं	त	◌्	र	◌ि	क	◌ी
◌ा	म	ष	म	◌ौ	स	म	व	◌ि	ज	◌्	ञ	◌ा	न
र	न	ण	◌ा	आ	थ	श	ट	क	व	य	ज	प	ख
◌ि	◌ो	र	ज	व	र	ल	म	व	ज	द	◌ी	◌ु	न
स	व	◌ो	श	द	◌ि	थ	ढ	◌ि	◌ी	श	व	र	◌ि
◌्	◌ि	ब	◌ा	च	ऊ	ज	थ	ज	व	द	व	◌ा	ज
थ	ज	◌ो	स	य	ख	श	◌्	◌्	र	न	◌ि	त	व
◌ि	◌्	ट	◌्	च	छ	प	ढ	ञ	स	ञ	ज	त	◌ि
त	ञ	◌ि	त	फ	ऊ	ल	ल	◌ा	◌ा	ब	◌्	◌्	द
◌ि	◌ा	क	◌्	च	ष	य	य	न	य	न	ञ	व	◌्
क	न	◌्	र	त	ढ	न	द	थ	न	च	◌ा	ष	य
◌ी	उ	स	भ	◌ू	व	◌ि	ज	◌्	ञ	◌ा	न	फ	◌ा

शरीर रचना
पुरातत्व
जीवविज्ञान
जीव रसायन
पारिस्थितिकी
भौतिक विज्ञान
भूविज्ञान
भाषाविज्ञान
यांत्रिकी
मौसम विज्ञान
खनिज विद्या
पोषण
मनोविज्ञान
रोबोटिक्स
समाज शास्त्र

32 - Gatos

त	त	ठ	ट	ठ	ज	श	श	र	्	म	ी	ल	ा
ष	प	ट	ञ	य	ि	ञ	ि	घ	आ	स	ह	ख	र
च	ृ	ट	य	इ	ज	ष	फ	क	ध	ण	घ	ब	ट
ठ	ं	घ	ए	ञ	्	स	र	ड	ा	च	य	ह	श
च	छ	ऊ	ग	प	ञ	्	ष	छ	ग	र	ऊ	ठ	ढ
न	ी	ं	द	ा	ा	न	त	द	ा	ड	ी	छ	इ
ण	र	ख	ठ	ग	स	े	इ	े	थ	ए	आ	ण	म
ल	प	ग	ञ	ल	ु	ह	च	ए	ज	प	ग	म	ष
ज	ं	ग	ल	ी	प	ी	ं	छ	व	ट	म	द	ड
ब	ठ	छ	घ	ध	ं	च	च	इ	थ	ो	ड	़	ा
व	आ	ध	इ	ख	ज	ध	ल	ृ	छ	श	ब	ए	ह
ञ	ष	स	ष	छ	ा	त	ब	ढ	ह	च	य	ञ	आ
व	्	य	क	्	त	ि	त	्	व	ा	ख	ठ	ऊ
स	्	व	त	ं	त	्	र	ष	न	त	ब	ष	इ

स्नेही
शिकारी
पूंछ
जिज्ञासु
नींद
धागा
स्वतंत्र
चंचल
पागल
पंजा
व्यक्तित्व
फर
थोड़ा
चूहा
तेज
जंगली
शर्मीला

33 - Cocina

स	◌्	प	◌ं	ज	च	व	ल	ऊ	थ	फ	ह	थ	त
भ	ज	म	ञ	ग	◌्	र	◌ि	ल	ल	स	ह	च	द
आ	ग	न	स	ए	प	◌्	र	न	ष	भ	ड	म	भ
न	ढ	◌ै	ए	◌ा	ट	भ	र	र	फ	ष	छ	◌्	इ
न	प	प	द	प	ल	फ	ह	भ	◌ो	ज	न	म	थ
च	◌ा	क	◌ू	क	भ	◌े	प	भ	त	च	ष	च	क
भ	फ	◌ि	क	र	ट	ऊ	ध	भ	व	ढ	स	त	प
थ	च	न	◌े	छ	आ	◌ो	र	थ	ड	ष	छ	ऊ	ड
ओ	व	न	त	◌ु	फ	◌्	र	◌ी	ज	र	ढ	ध	ण
घ	र	र	ल	ल	ऊ	त	घ	◌ा	फ	◌्	र	◌ि	ज
व	ञ	ण	◌ी	ञ	च	◌ी	न	◌ी	क	◌ा	◌ँ	ट	◌ा
र	◌ि	क	◌ा	◌ं	ट	◌े	य	र	ब	न	ल	व	ष
स	ण	ध	त	र	ख	च	ण	य	स	ष	व	ऊ	घ
थ	ढ	ढ	◌ि	ग	ष	ण	ए	ठ	त	भ	स	म	थ

केतली
भोजन
फ्रीजर
चम्मच
करछुल
चाकू
एप्रन
मसाले
स्पंज
ओवन
जग
चीनी काँटा
ग्रिल
विधि
फ्रिज
नैपकिन
कप
कटोरा
कांटे

34 - Escuela #1

भ	व	फ	द	उ	ष	त	ग	ऊ	श	ठ	प	प	व
म	र	य	◌ो	ड	◌े	स	◌्	क	ड	र	प	र	भ
ग	◌्	फ	प	ट	द	ए	थ	ग	छ	आ	◌्	◌ी	इ
ष	ण	ड	ह	व	उ	स	फ	ण	छ	स	र	क	य
ड	म	म	र	प	◌े	◌ं	स	◌ि	ल	◌ं	श	◌्	श
फ	◌ा	क	क	म	ज	◌़	◌ा	त	द	ख	◌्	ष	◌ि
◌़	ल	ल	◌ा	क	ज	व	◌ा	ब	ख	◌्	न	◌ा	क
◌ो	◌ा	म	भ	द	◌्	ब	ष	ढ	ण	य	◌ो	क	◌्
ल	म	प	◌ो	ड	◌ो	ष	द	ण	ध	◌ा	त	◌ु	ष
◌्	ठ	म	ज	ड	छ	स	◌ा	र	द	ए	◌्	र	क
ड	फ	छ	न	ए	र	ध	◌्	त	म	◌ँ	त	◌्	ठ
र	ठ	आ	ल	ण	ढ	थ	च	त	घ	ढ	र	स	प
द	क	◌ा	ग	ज	घ	इ	ष	स	◌ो	द	◌ी	◌ी	म
व	थ	ढ	प	◌ु	स	◌्	त	क	◌े	◌ं	च	ण	आ

वर्णमाला
दोपहर का भोजन
दोस्तों
कक्षा
फ़ोल्डर
मज़ा
डेस्क
प्रश्नोत्तरी
परीक्षा
पेंसिल
पुस्तकें
गणित
संख्याएँ
कागज
कलम
शिक्षक
जवाब
कुर्सी

35 - Adjetivos #2

ज	ख	न	य	◌ा	न	ड	उ	द	न	म	क	◌ी	न
◌ि	फ	◌ा	◌ा	थ	ड	ण	ठ	◌ि	ए	स	◌ू	ख	◌ा
म	भ	न	द	ट	त	ए	श	ल	थ	◌ा	ण	भ	छ
◌्	ह	उ	ण	◌्	क	श	व	च	उ	ल	स	व	ऊ
म	ऊ	त	फ	य	य	◌ी	ञ	स	ध	◌े	न	प	द
◌े	स	◌्	व	स	◌्	थ	य	◌्	न	द	ष	द	प
द	फ	प	ए	य	द	थ	ऊ	प	ह	◌ा	च	ढ	◌्
◌ा	ब	◌ा	◌्	ख	छ	ग	ठ	म	ग	र	◌्	व	र
र	स	द	व	र	◌्	ण	न	◌ा	त	◌्	म	क	◌ा
ग	ख	क	र	छ	स	र	च	न	◌ा	त	◌्	म	क
म	ज	ब	◌ू	त	व	◌ि	द	ए	ज	र	ल	ख	◌ृ
स	◌ा	ध	◌ा	र	ण	ए	द	इ	◌ा	ग	स	य	त
ध	र	च	न	ब	र	च	छ	◌्	ध	ल	य	छ	◌ि
ख	द	र	य	थ	क	ग	य	◌ा	ध	ध	घ	फ	क

थक गया
खाद्य
रचनात्मक
वर्णनात्मक
नाटकीय
प्रसिद्ध
ताजा
मजबूत
दिलचस्प
प्राकृतिक
साधारण
नया
गर्व
मसालेदार
उत्पादक
जिम्मेदार
नमकीन
स्वस्थ
सूखा

36 - Cuerpo Humano

त	क	ा	न	ग	त	श	ग	ध	व	त	य	आ	द
च	ष	ऊ	ख	च	े	ह	र	ा	ट	ट	घ	ह	ि
ण	श	ह	य	च	ह	च	्	प	स	इ	उ	ढ	म
ऊ	ख	ढ	ह	ए	ध	उ	द	इ	न	क	ं	ध	ा
ख	फ	र	ग	आ	ण	थ	न	ञ	इ	ष	ग	ह	ग
य	ण	ल	व	ञ	ं	इ	थ	घ	ञ	र	ल	ण	ब
ण	ठ	ो	ड	़	ी	ख	ऊ	ु	स	क	ी	छ	य
त	्	व	च	ा	ट	छ	छ	ट	ि	्	ड	आ	न
त	प	म	ु	ँ	ह	ा	थ	न	र	त	आ	ढ	ढ
ट	ख	न	े	व	न	ल	ं	ा	ह	ढ	श	ह	ह
आ	ज	ी	भ	ध	ट	घ	ण	ग	प	ढ	घ	ग	ध
ए	न	ल	छ	द	ड	ष	फ	श	द	ि	ल	ण	य
ब	ा	उ	ल	भ	र	ह	ग	ण	द	प	प	ख	ए
च	क	ो	ह	न	ी	प	ट	ध	फ	स	ष	ऊ	प

ठोड़ी
मुँह
सिर
चेहरा
दिमाग
कोहनी
दिल
गर्दन
उंगली
कंधा

जीभ
हाथ
नाक
आंख
कान
त्वचा
टांग
घुटना
रक्त
टखने

37 - Ciencia

ढ	र	प	र	म	◌ा	ण	◌ु	भ	य	ह	उ	ठ	ग
व	◌ि	क	◌ा	स	ल	फ	ज	◌ौ	ठ	आ	ष	ज	◌ु
द	त	स	आ	छ	ध	ख	ल	त	छ	ग	य	◌ी	र
व	थ	प	स	ध	ड	न	व	◌ि	ठ	थ	ल	व	◌ु
प	◌्	र	क	◌ृ	त	◌ि	◌ा	क	ड	◌े	ट	◌ा	त
◌ौ	य	◌ि	अ	ण	थ	ज	य	व	त	ए	व	श	◌्
ध	स	क	ष	ण	ञ	◌ी	◌ु	◌ि	म	इ	ठ	◌्	व
◌ै	ड	ल	र	ट	◌ु	व	प	ज	ट	इ	घ	म	◌ा
ग	फ	◌्	त	स	ब	ओ	र	◌्	त	ण	ण	ख	क
इ	ठ	प	भ	स	ह	त	◌ं	ञ	र	द	ढ	ह	र
ञ	र	न	ढ	ण	ए	ग	द	◌ा	◌ौ	य	प	ए	◌्
ह	ञ	◌ा	च	उ	ध	य	घ	न	क	व	◌ो	ह	ष
प	◌्	र	य	◌ो	ग	श	◌ा	ल	◌ा	घ	न	ग	ण
उ	उ	च	व	◌ै	ज	◌्	ञ	◌ा	न	◌ि	क	ड	ढ

परमाणु
वैज्ञानिक
जलवायु
डेटा
विकास
प्रयोग
भौतिक विज्ञान
जीवाश्म
गुरुत्वाकर्षण
तथ्य
परिकल्पना
प्रयोगशाला
तरीका
खनिज
अणुओं
प्रकृति
जीव
कण
पौधे

38 - Dinosaurios

प	◌्	र	◌ा	ग	◌ै	त	◌ि	ह	◌ा	स	◌ि	क	ज
अ	◌ं	त	र	◌्	ध	◌ा	न	उ	ढ	आ	प	भ	◌ी
श	स	ऊ	ब	ट	स	प	◌ू	◌ं	छ	ड	ग	म	व
स	◌ा	ल	ड	ष	प	◌ृ	य	प	द	आ	च	भ	◌ा
ल	र	क	◌़	इ	र	थ	श	न	फ	क	ट	ठ	श
व	उ	◌्	◌ा	श	क	◌्	त	◌ि	श	◌ा	ल	◌ी	◌्
◌ि	◌ि	ग	व	ह	द	व	इ	ष	ड	र	श	र	म
क	इ	श	ब	भ	◌ा	◌ी	ढ	प	◌ं	ख	◌ा	◌ै	य
◌ा	ल	◌ि	◌ा	ण	क	र	ए	प	ञ	ग	त	प	ठ
स	भ	क	श	ल	ख	◌्	◌ी	त	आ	भ	◌ि	◌्	ध
ऊ	प	◌ा	घ	त	ख	च	ष	ड	न	श	र	ट	ध
आ	ढ	र	ढ	ट	द	स	र	◌ी	स	◌ृ	प	र	त
म	◌ा	◌ं	स	◌ा	ह	◌ा	र	◌ी	व	ठ	ण	ऊ	ट
ब	थ	भ	प	◌्	र	ज	◌ा	त	◌ि	य	◌ा	◌ं	उ

पंख
मांसाहारी
पूंछ
अंतर्धान
प्रजातियां
विकास
जीवाश्म
बड़ा
शाकाहारी
विशाल
सर्वभक्षी
शक्तिशाली
प्रागैतिहासिक
शिकार
रैप्टर
सरीसृप
आकार
पृथ्वी
शातिर

39 - Restaurante #2

ए	ब	ह	ड	य	ल	प	छ	ठ	थ	प	य	ट	आ
क	◌ु	र	◌्	स	◌ी	ञ	थ	य	र	◌ा	आ	छ	ल
◌े	द	ञ	◌्	य	न	म	क	ब	ण	न	फ	छ	फ
क	म	द	व	फ	ल	ख	छ	उ	ह	◌ी	आ	भ	च
ह	ण	च	म	◌्	म	च	ण	ल	ब	प	ण	स	स
र	◌ा	त	क	◌ा	ख	◌ा	न	◌ा	◌ी	ड	ञ	त	◌ू
म	स	ब	◌्	ज	◌ि	य	◌ा	◌ं	स	ल	◌ा	द	प
ड	स	क	◌्	ष	◌ु	ध	◌ा	व	र	◌्	ध	क	स
श	ग	◌ा	स	◌्	व	◌ा	द	◌ि	ष	◌्	ट	फ	छ
उ	ए	ण	ल	व	द	त	प	भ	ण	भ	क	ड	श
घ	ए	फ	व	◌े	प	ध	ड	प	◌े	य	◌ा	आ	भ
ढ	उ	ड	न	ट	ष	श	भ	ह	ट	ए	◌ं	ए	ब
ब	ग	ग	ढ	र	अ	◌ं	ड	◌े	भ	म	ट	ल	ल
द	◌ो	प	ह	र	क	◌ा	भ	◌ो	ज	न	◌ा	ञ	ग

पानी
दोपहर का भोजन
क्षुधावर्धक
पेय
वेटर
रात का खाना
चम्मच
स्वादिष्ट
सलाद
मसाले
फल
बर्फ
अंडे
केक
मछली
नमक
कुर्सी
सूप
कांटा
सब्जियां

40 - Profesiones #1

म	द	ब	ख	ध	ल	ज	उ	न	ए	य	भ	भ	स
ख	न	ठ	स	ट	ष	च	◌ौ	ह	र	ष	ऊ	◌ू	◌ं
ण	ठ	◌ो	प	भ	ऊ	◌ि	स	ह	ल	ध	प	व	ग
आ	द	स	व	ब	श	क	◌ो	च	र	भ	◌ि	◌ि	◌ी
न	र	◌्	स	◌ै	श	◌ि	क	◌ा	र	◌ी	य	ज	त
भ	छ	ए	ट	◌ं	ज	त	स	छ	ब	व	◌ा	◌्	क
ग	म	य	ल	क	घ	◌्	न	ट	ढ	क	न	ञ	◌ा
ष	ञ	प	च	र	ग	स	ञ	र	र	◌ी	◌ो	◌ा	र
स	◌ं	प	◌ा	द	क	क	त	◌ा	◌ा	ल	व	न	ठ
फ	◌ा	य	र	फ	◌ा	इ	ट	र	न	ज	◌ा	◌ी	र
ख	◌ि	ल	◌ा	ड	◌़	◌ी	इ	ब	छ	◌ि	द	ञ	आ
म	◌ा	न	च	◌ि	त	◌्	र	क	◌ा	र	क	◌ू	ढ
ख	ग	◌ो	ल	व	◌ि	ज	◌्	ञ	◌ा	न	◌ी	य	त
न	र	◌्	त	क	◌ी	उ	ब	न	ल	स	◌ा	ज	◌़

वकील
खगोल विज्ञानी
खिलाड़ी
नर्तकी
बैंकर
फायर फाइटर
मानचित्रकार
शिकारी
चिकित्सक
संपादक
राजदूत
नर्स
कोच
नलसाज़
भूविज्ञानी
जौहरी
संगीतकार
पियानोवादक
मनोवैज्ञानिक

41 - Vehículos

ट	◌ा	य	र	ठ	भ	ग	र	आ	ड	ह	ग	क	श
◌्	◌्	ड	र	आ	◌ू	म	◌ो	ट	र	◌े	य	◌ा	व
र	ऊ	र	व	◌ि	म	◌ा	न	◌ा	व	ल	ष	र	र
◌ै	न	◌ौ	क	◌ा	◌ि	श	ट	ल	ष	◌ी	आ	◌ॉ	◌ो
क	ष	ञ	श	ग	ग	च	◌ै	ग	स	क	ऊ	क	ग
◌्	भ	न	ख	य	त	ह	क	प	छ	◌ॉ	ह	◌े	◌ी
ट	त	उ	ट	भ	म	न	◌्	प	इ	प	व	ट	व
र	प	स	उ	ट	◌ा	ठ	स	त	ग	◌्	श	भ	◌ा
त	ख	◌ा	ऊ	◌्	र	ढ	◌ी	क	स	ट	उ	ठ	ह
म	ठ	इ	ब	र	◌्	प	न	भ	◌ा	र	ए	फ	न
ऊ	फ	क	स	◌े	ग	ण	ल	ठ	त	र	न	छ	ऊ
य	प	◌ि	प	न	ड	◌ु	ब	◌्	ब	◌ी	व	म	म
ढ	ह	ल	र	ढ	ए	◌़	ख	छ	छ	ए	फ	◌ा	ष
ण	घ	ल	छ	ख	ख	ञ	◌ा	फ	ण	द	छ	ड	◌ं

रोगी वाहन
बस
विमान
बेड़ा
नाव
साइकिल
ट्रक
कारवां
कार
रॉकेट
नौका
हेलीकॉप्टर
शटल
भूमिगत मार्ग
मोटर
टायर
पनडुब्बी
टैक्सी
ट्रैक्टर
ट्रेन

42 - Vacaciones #2

ञ	ख	च	आ	ब	ट	प	स	त	ढ	थ	प	ऊ	ण
श	ल	र	न	स	ै	ा	म	स	म	ु	द	्	र
अ	व	क	ा	श	क	स	ु	्	ह	आ	म	ण	ध
न	व	ण	न	इ	्	प	द	व	ख	ो	आ	स	ष
व	थ	ि	ठ	उ	स	ो	्	ी	त	श	ट	ष	उ
ी	ब	भ	द	र	ी	र	र	र	ऊ	ं	इ	ल	य
ज	छ	ो	्	े	फ	्	त	े	ञ	ख	ब	ख	ा
ा	प	ज	व	ग	श	ट	ट	ं	ऊ	ग	छ	ू	त
आ	र	न	ी	ढ	ल	ी	घ	न	क	्	श	ा	्
र	ि	ा	प	ट	्	र	े	न	भ	फ	फ	ए	र
क	व	ल	ड	च	ह	व	ा	ई	अ	ड	्	ड	ा
्	ह	य	ष	ष	ग	ं	त	व	्	य	ण	ञ	भ
ष	न	छ	ु	ट	्	ट	ी	ठ	ग	द	न	छ	फ
ण	ब	स	त	इ	ए	ठ	ल	ड	ण	श	ल	उ	ख

हवाई अड्डा
तंबू
गंतव्य
विदेशी
तस्वीरें
होटल
द्वीप
नक्शा
समुद्र
अवकाश
पासपोर्ट
समुद्र तट
आरक्षण
भोजनालय
टैक्सी
परिवहन
ट्रेन
छुट्टी
यात्रा
वीजा

43 - Cumpleaños

स	आ	व	ध	ध	न	ख	◌ु	श	ज	थ	इ	ह	प
म	म	छ	छ	ब	फ	◌ि	स	स	न	ह	व	र	त
ब	ज	य	घ	न	श	म	म	उ	◌्	ल	उ	◌्	◌्
स	◌़	म	व	◌ि	श	◌े	ष	◌ं	म	च	प	ष	त
क	◌ा	श	ध	उ	ग	ञ	ग	◌ी	त	म	ह	◌ि	◌े
घ	◌ै	श	ठ	थ	ट	ञ	ध	व	इ	◌्	◌ा	त	फ
ढ	उ	ल	य	◌ु	व	◌ा	ब	य	ध	इ	र	ष	भ
ठ	ल	इ	◌े	र	व	ढ	◌ु	श	छ	छ	घ	ण	घ
ह	आ	फ	छ	◌ं	ख	ल	द	◌ो	स	◌्	त	◌ो	◌ं
क	◌े	क	उ	श	ड	भ	◌्	स	ष	द	उ	र	स
द	◌ि	न	उ	ध	ख	र	ध	उ	त	◌्	स	व	च
र	फ	फ	म	ठ	घ	म	◌ि	ध	ष	इ	द	र	ब
थ	य	◌ा	द	◌े	◌ं	र	म	द	ध	ञ	न	◌्	म
म	◌ो	म	ब	त	◌्	त	◌ि	य	◌ा	◌ँ	ल	ष	य

हर्षित
दोस्तों
वर्ष
कैलेंडर
गीत
उत्सव
मज़ा
दिन
विशेष
खुश

निमंत्रण
युवा
जन्म
केक
यादें
उपहार
बुद्धि
पत्ते
समय
मोमबत्तियाँ

44 - Baile

स	थ	प	ठ	द	स	अ	म	आ	ग	प	ठ	घ	ढ
◌ं	◌ा	र	च	द	◌ं	क	ड	श	ञ	त	र	ण	द
स	न	◌ं	आ	◌ृ	ग	◌ा	ह	र	◌्	ष	◌ि	त	क
◌्	◌ृ	प	स	श	◌ी	द	ध	◌ी	उ	न	ह	ऊ	◌ृ
क	त	र	न	◌्	त	म	भ	र	ख	ख	र	ष	प
◌ृ	◌्	◌ा	उ	य	क	◌ी	र	◌ा	ष	ग	◌्	ब	◌ा
त	य	ग	व	न	ल	◌ृ	ए	स	व	थ	स	ऊ	भ
◌ि	क	त	◌ा	ल	◌ा	ऊ	त	ण	र	न	ल	श	च
फ	ल	इ	म	ध	उ	ट	ह	◌ि	स	ण	◌ा	स	ड
श	◌ा	स	◌्	त	◌्	र	◌ी	य	क	स	छ	र	प
छ	ट	न	र	उ	ण	च	ड	ट	स	◌ा	ए	ञ	श
ल	र	घ	उ	ए	प	ऊ	प	ण	ल	थ	ढ	ग	ठ
स	◌ू	च	क	ल	प	इ	य	व	द	◌ी	द	द	द
द	उ	ढ	ख	फ	ग	ख	प	आ	ल	उ	ऊ	श	द

अकादमी
हर्षित
कला
शास्त्रीय
नृत्यकला
शरीर
संस्कृति
सांस्कृतिक
भावना
रिहर्सल
सूचक
कृपा
गति
संगीत
आसन
ताल
साथी
परंपरागत
दृश्य

45 - Matemáticas

स	प	स	स	भ	फ	ल	ह	ख	फ	ण	उ	व	ब
म	ब	म	◌ी	म	इ	म	त	घ	आ	भ	ए	◌्	र
र	ह	◌ा	ध	ड	◌ी	ठ	उ	आ	य	त	न	य	ठ
◌ू	◌ु	न	◌ा	व	उ	क	य	इ	त	उ	स	◌ा	ष
प	भ	◌ा	ह	व	त	◌्	र	◌ि	क	◌ो	ण	स	न
त	◌ु	◌ं	ण	अ	ख	य	स	ण	ज	व	श	भ	घ
◌ा	ज	त	द	ढ	◌ं	स	◌ं	ख	◌्	य	◌ा	ए	◌ँ
प	प	र	ञ	क	ध	क	ए	र	य	ट	च	ह	व
ध	र	फ	ञ	ट	◌ो	ट	ग	ल	◌ा	म	व	ल	र
व	◌ि	भ	◌ा	ज	न	ण	द	ण	म	भ	ण	भ	◌्
च	ध	द	श	म	ल	व	ढ	च	◌ि	थ	भ	स	ग
ल	◌ि	उ	फ	श	ट	श	ध	द	त	त	व	आ	ख
ह	य	छ	अ	◌ं	श	त	◌्	र	◌ि	ज	◌्	य	◌ा
न	प	◌्	र	त	◌ि	प	◌ा	द	क	ख	द	न	ख

अंकगणित
कोण
परिधि
वर्ग
दशमलव
व्यास
विभाजन
समीकरण
प्रतिपादक
अंश
ज्यामिति
संख्याएँ
समानांतर
सीधा
बहुभुज
त्रिज्या
आयत
समरूपता
त्रिकोण
आयतन

46 - Restaurante #1

व	◌े	ट	◌्	र	◌े	स	प	फ	ट	ढ	व	आ	क
ए	ए	उ	ब	स	इ	छ	थ	◌्	र	ञ	ध	र	ट
य	ल	घ	उ	◌ो	क	ध	व	इ	ल	व	ह	क	◌ो
श	द	र	आ	ई	◌ॉ	ध	न	ञ	य	◌े	भ	◌्	र
उ	ह	ट	◌्	घ	फ	थ	ख	ढ	म	त	ट	ष	◌ा
त	द	थ	ड	ज	◌़	र	ज	ट	◌ि	घ	म	ण	ऊ
ब	आ	र	ट	भ	◌ी	ब	◌ा	घ	ठ	र	ढ	ब	न
ण	ग	ञ	र	इ	उ	ध	◌ं	म	◌ा	◌ं	स	थ	इ
श	घ	ड	भ	◌ो	ज	न	च	◌े	ई	च	◌ि	क	न
ल	ष	भ	इ	च	ट	न	◌ी	न	फ	र	फ	ए	च
न	◌ै	प	क	◌ि	न	◌ी	द	◌्	च	◌ा	क	◌ू	न
म	स	◌ा	ल	◌े	द	◌ा	र	य	स	आ	ढ	घ	व
स	◌ा	म	ग	◌्	र	◌ी	ग	◌ू	च	उ	र	ल	छ
य	च	त	ह	न	य	व	छ	ड	ऊ	ध	श	य	य

एलर्जी
कॉफ़ी
खजांची
वेट्रेस
मांस
रसोई
भोजन
चाकू
सामग्री
मेन्यू
रोटी
मसालेदार
प्लेट
चिकन
मिठाई
आरक्षण
चटनी
नैपकिन
कटोरा

47 - Profesiones #2

म	◌ा	ल	◌ी	ए	प	ऊ	ग	ढ	ज	◌ा	स	◌ू	स
ष	त	ल	त	भ	ब	त	व	द	ऊ	ठ	ड	आ	ज
इ	श	प	भ	ष	ह	भ	◌्	◌ा	भ	ठ	च	ग	◌ी
ल	प	◌ि	ठ	भ	◌ु	र	ट	र	द	इ	◌ि	च	व
स	◌ा	छ	क	ट	भ	ध	भ	◌्	क	ड	त	◌ि	व
◌्	य	इ	ऊ	◌्	◌ा	श	च	श	◌ि	◌ा	◌्	क	◌ि
ट	ल	थ	ब	ट	ष	य	छ	न	स	ड	र	◌ि	ज
◌्	ट	त	ट	◌्	◌ी	क	ढ	◌ि	◌ा	ञ	क	त	◌्
र	ग	ख	ब	फ	र	ऊ	ख	क	न	द	◌ा	◌्	ञ
◌े	ठ	ह	य	आ	त	◌े	ड	ठ	श	स	र	स	◌ा
ट	फ	◌ो	ट	◌ो	ग	◌्	र	◌ा	फ	र	न	क	न
र	प	द	◌ं	त	च	◌ि	क	◌ि	त	◌्	स	क	◌ी
आ	व	◌ि	ष	◌्	क	◌ा	र	क	य	ज	ण	उ	इ
च	घ	ए	भ	प	ख	इ	◌ं	ज	◌ी	न	◌ि	य	र

किसान
लाइब्रेरियन
जीवविज्ञानी
सर्जन
दंत चिकित्सक
जासूस
दार्शनिक
फोटोग्राफर
इलस्ट्रेटर
इंजीनियर
आविष्कारक
माली
बहुभाषी
चिकित्सक
पत्रकार
पायलट
चित्रकार
शिक्षक

48 - Senderismo

ढ	आ	ड	य	प	च	प	◌्	र	क	◌ृ	त	◌ि	त
त	ए	◌े	इ	इ	ट	स	स	च	स	ज	उ	प	ढ
श	प	र	ड	प	◌्	ढ	म	ठ	प	◌ू	भ	ष	च
न	ग	◌ा	इ	ड	ट	य	स	च	त	त	◌ा	ग	आ
स	ख	ड	र	प	◌ा	न	◌ी	अ	◌्	◌े	र	उ	ठ
◌ू	छ	◌ा	प	◌्	न	व	व	भ	थ	छ	◌ी	ण	घ
र	ऊ	ल	ल	ध	क	च	इ	◌ि	र	म	र	ढ	ग
◌्	ट	न	छ	भ	ढ	ज	ल	व	◌ा	य	◌ु	◌ो	ज
य	ज	◌ा	न	व	र	◌ो	◌ं	◌ि	आ	त	आ	त्र	◌ं
थ	ऊ	न	थ	प	ल	ऊ	प	न	क	◌्	श	◌ा	ग
ग	क	ट	प	ह	◌ा	ड	◌़	◌्	च	ऊ	भ	न	ल
थ	आ	ग	ढ	फ	भ	त	◌ै	य	◌ा	र	◌ी	य	◌ी
ऊ	च	य	य	ल	ख	ढ	न	◌ा	ध	न	ल	ऊ	घ
स	म	छ	य	◌ा	ठ	ल	छ	स	ढ	ग	घ	ध	ए

चट्टान
पानी
जानवरों
जूते
डेरा डालना
थक गया
जलवायु
गाइड
नक्शा
पहाड़
मच्छरों
प्रकृति
अभिविन्यास
पार्क
भारी
पत्थर
तैयारी
जंगली
सूर्य

49 - Naturaleza

व	ञ	न	स	इ	ल	ख	प	त	◌्	त	◌े	अ	श
आ	न	उ	द	न	◌ि	र	◌्	म	ल	ञ	व	भ	◌ा
आ	श	ष	ठ	◌ी	ग	त	◌ि	श	◌ी	ल	श	य	◌ं
ज	ब	◌्	ड	छ	◌्	र	न	त	ग	ह	न	◌ा	त
◌ा	फ	ण	र	इ	ल	न	ष	ठ	ज	फ	द	र	◌ि
न	ए	क	ढ	य	◌े	ण	ड	त	◌ं	ढ	ब	ण	प
व	य	ट	ठ	छ	श	च	ए	स	ग	भ	श	◌्	◌ू
र	उ	◌ि	ष	घ	◌ि	ब	◌ा	द	ल	ब	भ	य	र
◌ो	ध	ब	न	ठ	य	ड	श	स	◌ी	ऊ	ग	ञ	◌्
◌ं	ष	◌ं	ए	घ	र	आ	र	◌्	क	ट	◌ि	क	ण
ढ	म	ध	◌ु	म	क	◌्	ख	◌ि	य	◌ो	◌ं	ट	ऊ
व	छ	◌ी	क	◌ो	ह	र	◌ा	भ	उ	म	घ	◌ा	स
ग	ट	य	स	◌ु	◌ं	द	र	त	◌ा	ण	भ	व	ध
र	◌े	ग	◌ि	स	◌्	त	◌ा	न	ठ	य	न	ञ	ख

मधुमक्खियों
जानवरों
आर्कटिक
सुंदरता
वन
रेगिस्तान
गतिशील
कटाव
पत्ते
ग्लेशियर
कोहरा
बादल
शांतिपूर्ण
आश्रय
नदी
जंगली
अभयारण्य
निर्मल
उष्णकटिबंधीय

50 - Conduciendo

ल	ख	ण	व	भ	ड	ग	त	ठ	ह	उ	ए	न	आ
ट	त	ब	ठ	छ	ल	फ	न	घ	म	ट	व	ट	आ
प	र	◌ि	व	ह	न	स	◌ु	र	क	◌्	ष	◌ा	ब
◌ै	◌ा	ष	द	ए	ल	◌ु	र	ग	ऊ	र	ञ	म	ऊ
द	न	न	ष	आ	प	र	ञ	फ	स	क	इ	◌ो	म
ल	प	फ	श	ख	ए	◌ं	ष	प	ग	ए	ई	ट	श
य	◌ा	ए	उ	ग	ण	ग	त	◌ि	न	स	◌ं	र	ग
◌ा	क	इ	म	ल	ह	प	ब	ए	श	फ	ध	स	◌ै
त	◌ा	ए	स	◌ी	द	◌ु	र	◌्	घ	ट	न	◌ा	स
◌्	र	च	न	◌े	ढ	ल	श	म	र	स	इ	इ	आ
र	ल	च	म	क	◌ं	◌ि	ढ	य	त	◌े	च	क	ए
◌ी	छ	त	ग	ख	◌्	स	म	◌ो	ट	र	क	◌ि	ण
ञ	ग	◌ै	र	◌े	ज	श	त	स	ग	द	ख	ल	ह
य	◌ा	त	◌ा	य	◌ा	त	◌ा	ए	ध	छ	ढ	ट	ध

दुर्घटना
गली
ट्रक
कार
ईंधन
ब्रेक
गैरेज
गैस
लाइसेंस
नक्शा
मोटरसाइकिल
मोटर
पैदल यात्री
खतरा
पुलिस
सुरक्षा
परिवहन
यातायात
सुरंग
गति

51 - Ballet

न	र	◌्	त	क	◌ि	य	◌ो	◌ं	ट	न	थ	ऑ	र
क	ड	प	◌ा	ल	त	ध	व	न	आ	◌ृ	ञ	र	◌ि
◌ौ	ण	ड	ल	◌ा	श	उ	व	श	ण	त	इ	◌्	ह
श	ख	र	आ	त	◌ै	स	ब	द	र	◌्	श	क	र
ल	य	य	घ	◌्	ल	◌ू	ण	त	ह	य	◌ा	◌े	◌्
द	ड	च	ध	म	◌ी	च	ण	स	च	क	र	स	स
व	ऊ	ढ	ञ	क	उ	क	स	ड	छ	ल	◌ा	◌्	ल
ध	◌ा	त	क	न	◌ी	क	◌ं	ग	ब	◌ा	स	ट	घ
ट	श	ह	र	इ	स	◌ं	ग	◌ी	त	प	ब	◌्	व
ग	ष	इ	व	घ	ढ	ऊ	◌ी	ब	ए	त	क	र	प
अ	भ	◌्	य	◌ा	स	ट	त	ब	◌ै	फ	ए	◌ा	ञ
द	न	ड	ठ	ण	ह	ख	क	श	त	ल	श	ष	ब
ब	ए	ह	ह	छ	ठ	◌ी	◌ा	घ	र	त	◌े	न	प
ध	भ	आ	त	◌ी	व	◌्	र	त	◌ा	ञ	उ	ऊ	प

वाहवाही
कलात्मक
दर्शक
बैले
नर्तकियों
संगीतकार
नृत्यकला
रिहर्सल
शैली
सूचक
इशारा
कौशल
तीव्रता
सबक
संगीत
ऑर्केस्ट्रा
अभ्यास
ताल
तकनीक

52 - Aventura

ऊ	थ	ग	य	ट	ष	फ	ख	स	ब	ग	द	उ	ल
ढ	छ	◌ं	◌ा	इ	थ	फ	क	◌ु	ढ	त	◌ो	स	ड
प	ब	त	त	ढ	प	म	ठ	र	ल	◌ि	स	उ	ब
त	य	व	◌्	उ	◌्	थ	◌ि	क	स	व	◌्	त	थ
प	ण	◌्	र	ल	र	ग	न	◌्	◌ु	◌ि	त	◌्	न
अ	थ	य	◌ा	इ	क	ख	◌ा	ष	◌ं	ध	◌ो	स	छ
व	स	प	ञ	ख	◌ृ	य	ई	◌ा	द	◌ि	◌ं	◌ा	इ
स	न	◌ा	◌्	य	त	◌ै	य	◌ा	र	◌ी	भ	ह	उ
र	च	च	म	र	◌ि	र	फ	ञ	त	थ	◌्	भ	ध
व	◌ी	र	त	◌ा	द	ह	न	ऊ	◌ा	ड	र	आ	ड
स	य	ण	ण	य	न	र	म	◌ा	प	घ	म	ह	फ
ऊ	ग	ढ	न	ग	छ	◌्	◌्	र	क	न	ण	ढ	च
ख	र	व	ए	त	ए	ष	य	श	ए	य	व	ब	ए
भ	ऊ	स	आ	ठ	ह	म	स	ढ	न	◌ा	आ	ड	श

गतिविधि
हर्ष
दोस्तों
सुंदरता
गंतव्य
कठिनाई
उत्साह
भ्रमण
असामान्य

प्रकृति
पथ प्रदर्शन
नया
अवसर
खतरनाक
तैयारी
सुरक्षा
वीरता
यात्रा

53 - Pájaros

ए	आ	त	य	ब	म	ब	इ	न	भ	क	क	ब	त
ए	ब	◌ो	ख	ख	भ	ग	थ	भ	ण	ब	◌ो	◌ा	फ
श	◌ु	त	◌ु	र	म	◌ु	र	◌्	ग	◌ू	य	ज़	ष
द	र	◌ा	ख	घ	ध	ल	ड	फ	◌ौ	त	ल	र	ण
म	ए	अ	म	ऊ	प	◌ा	त	र	र	र	भ	◌ा	व
प	◌े	◌ं	ग	◌ु	इ	न	घ	इ	◌ै	प	र	ज	म
ग	थ	ड	र	भ	र	स	ल	ऊ	य	उ	ल	ह	च
प	व	◌ा	ह	◌ं	स	◌्	ई	व	◌ा	घ	भ	◌ं	◌ि
ह	ट	◌ू	क	◌े	न	ल	ग	थ	स	◌ा	र	स	क
क	व	इ	भ	ब	घ	इ	ल	◌ौ	ञ	ण	च	ख	न
◌ौ	ञ	◌ा	म	◌ू	र	◌्	ख	म	न	◌ु	ष	◌्	य
आ	ण	स	स	प	ऊ	न	छ	ढ	म	उ	ढ	ञ	त
छ	ए	आ	व	◌ौ	ध	ह	थ	म	न	प	ढ	र	ड
ठ	थ	श	फ	ग	ल	ड	थ	श	इ	छ	म	श	न

शुतुरमुर्ग
ईगल
सारस
हंस
कोयल
कौआ
राजहंस
मुर्गी
बगुला
मूर्ख मनुष्य
गौरैया
बाज़
अंडा
तोता
कबूतर
बतख
हवासील
पेंगुइन
चिकन
टूकेन

54 - Playa

प	ठ	प	न	स	ू	र	्	य	द	म	ध	ध	भ
ख	आ	घ	ा	ी	ा	ट	ख	ए	प	ब	ड	ड	ए
फ	च	र	व	स	ल	ग	ख	थ	उ	ढ	स	ग	त
ग	द	ह	म	ब	र	ा	र	भ	त	ध	ण	ब	ौ
छ	ठ	श	आ	क	े	क	ड	़	ा	य	श	ञ	ल
छ	च	ग	छ	ा	त	ा	ह	स	ै	ं	ड	ल	ि
त	ट	श	ञ	ष	ड	य	ड	ल	ल	ए	आ	ै	य
फ	्	ख	ख	भ	छ	ध	म	त	ञ	ड	ट	ग	ा
य	ट	श	स	द	्	व	ी	प	स	द	उ	ू	ए
ह	ा	म	े	म	ड	ए	म	ढ	ड	स	ग	न	ण
य	न	ठ	ल	श	ु	आ	ठ	र	ल	ए	ऊ	छ	ह
र	म	त	ब	ऊ	ख	द	छ	ु	ट	्	ट	ी	थ
च	ए	ढ	ो	ध	ढ	इ	्	ल	ढ	ए	भ	स	म
घ	श	ड	ट	य	श	ठ	र	र	ढ	ह	ख	न	र

रेत
चट्टान
नीला
नाव
केकड़ा
तट
द्वीप
लैगून

समुद्र
सागर
छाता
सैंडल
सूर्य
तौलिया
छुट्टी
सेलबोट

55 - Surf

ख	म	आ	च	◌ै	◌ं	प	◌ि	य	न	स	त	ल	ए
ग	◌ि	◌ौ	य	र	घ	◌े	ञ	फ	◌ो	म	◌ा	ह	ब
इ	ब	ल	स	व	म	ट	आ	ष	घ	◌ु	क	र	भ
न	ख	छ	◌ा	म	घ	उ	फ	म	श	द	त	ञ	आ
ठ	भ	ह	ग	ड	व	ड	श	ज	◌ै	◌्	फ	फ	ऊ
फ	आ	थ	र	ष	◌़	ण	य	◌़	ल	र	ग	ऊ	ण
ल	न	फ	ब	ण	घ	◌ी	ण	◌ा	◌ी	त	भ	व	व
ल	◌ो	क	प	◌्	र	◌ि	य	ञ	भ	ट	◌ी	र	श
श	ष	च	ट	◌्	ट	◌ा	न	ग	व	ल	ड	ठ	ष
ठ	ड	ध	ए	ध	ग	ड	ए	त	ख	त	◌़	य	ठ
ऊ	य	ण	ग	य	त	इ	ट	त	म	फ	ण	ण	च
म	ड	ष	इ	न	ग	ड	न	थ	त	ध	ढ	प	ष
श	◌ु	र	◌ु	आ	त	उ	घ	त	ढ	ऊ	य	म	य
ऊ	ञ	ञ	इ	ड	◌ि	ल	छ	घ	ठ	ह	र	श	ण

चट्टान
खिलाड़ी
चैंपियन
मौसम
मज़ा
फोम
शैली
पेट
चरम
ताकत
भीड़
सागर
लहर
समुद्र तट
लोकप्रिय
शुरुआत
गति

56 - Geografía

ष	भ	◌ू	म	ध	◌्	य	र	◌े	ख	◌ा	प	प	क
स	म	◌ु	द	◌्	र	त	ब	ऊ	ष	द	◌े	श	◌्
ध	फ	ध	ढ	ब	ख	थ	ष	◌ं	ठ	क	ल	◌्	ष
व	अ	क	◌्	ष	◌ा	◌ं	श	च	ह	◌्	ण	च	◌े
ए	ट	ल	स	य	आ	ञ	ण	◌ा	इ	ष	इ	◌ि	त
ब	ढ	द	ष	य	◌ा	श	उ	ई	उ	◌ि	न	म	◌्
म	थ	◌े	ड	ध	ट	ह	त	ष	ग	ण	क	द	र
ञ	ह	श	य	ढ	न	र	◌्	आ	◌ो	ठ	◌्	◌ु	◌ी
इ	प	◌ा	ढ	च	छ	भ	त	न	ल	उ	श	न	ट
ग	इ	न	द	इ	ख	ठ	र	द	◌ा	ट	◌ा	◌ि	प
म	व	◌्	ठ	◌्	य	ष	श	प	र	स	ब	य	प
ड	र	त	ण	ख	व	ह	ठ	ए	◌्	ए	थ	◌ा	ढ
ड	छ	र	म	इ	ए	◌ी	ख	य	ध	त	ल	स	च
द	◌्	व	◌ौ	प	भ	छ	प	ह	◌ा	ड	◌़	आ	ड

ऊंचाई
एटलस
शहर
महाद्वीप
भूमध्य रेखा
गोलार्ध
द्वीप
अक्षांश
देशान्तर
नक्शा
समुद्र
मध्याह्न
पहाड़
दुनिया
उत्तर
पश्चिम
देश
नदी
दक्षिण
क्षेत्र

57 - Deportes

ब	◌े	स	ब	◌ॉ	ल	ह	ण	ड	उ	ज	ट	च	च
फ	◌ा	य	ख	ऊ	स	उ	◌ॉ	व	ट	◌ि	◌े	भ	◌ै
ड	ए	स	घ	ठ	फ	ट	ह	क	छ	म	न	ञ	म
च	ग	ट	◌्	र	इ	ख	ध	◌ो	◌ी	न	◌ि	ल	◌्
ऊ	ठ	प	च	क	य	◌े	च	च	आ	◌ा	स	व	प
ढ	ल	प	ए	स	◌े	ल	ध	च	ब	स	थ	स	◌ि
न	प	ठ	ऊ	◌ा	फ	ट	ठ	व	भ	◌्	ल	◌्	य
व	ग	त	◌ि	इ	भ	ठ	ब	इ	ए	ट	छ	ट	न
उ	श	ष	उ	क	ठ	इ	व	◌ॉ	त	◌ि	य	◌े	श
ग	ठ	ट	ष	◌ि	च	प	◌ि	ऊ	ल	क	ढ	ड	◌ि
श	◌ो	उ	ण	ल	ड	व	ज	ण	ट	◌ी	म	◌ि	प
ख	◌ि	ल	◌ा	ड	◌़	◌ी	◌े	भ	ड	आ	व	य	ण
फ	व	श	◌्	ख	ष	प	त	उ	ष	स	फ	म	श
ह	ढ	र	◌े	फ	र	◌ी	◌ा	ल	र	ऊ	ञ	स	भ

रेफरी
बास्केटबॉल
बेसबॉल
साइकिल
चैम्पियनशिप
कोच
टीम
स्टेडियम
विजेता
जिमनास्टिक
गोल्फ
हॉकी
खेल
खिलाड़ी
गति
टेनिस

58 - Actividades

श	ह	ब	ध	न	त	ल	ठ	ब	फ	च	घ	आ	र
न	ि	ब	च	ह	म	उ	ण	ा	ो	ि	ण	न	छ
च	त	क	ल	ा	ड	स	थ	ग	ट	त	त	ं	त
इ	ो	ौ	ा	द	उ	च	ढ	व	ो	्	ब	द	प
ष	ं	श	व	र	म	य	प	ा	ग	र	ु	म	ह
छ	ब	ल	ड	ध	क	ष	ढ	न	्	क	न	फ	े
ब	ग	म	े	श	थ	र	़	ी	र	ा	ा	ख	ल
स	त	ल	र	ख	े	ल	न	च	ा	र	ई	ण	ी
ष	ि	म	ा	च	थ	य	ा	ा	फ	ी	थ	ड	फ
व	व	ल	ड	छ	त	ह	ह	ख	ी	ज	ा	द	ू
ढ	ि	न	ा	म	छ	ल	ी	प	क	ड	़	न	े
छ	ध	र	ल	ई	ल	व	ि	श	्	र	ा	म	घ
च	ि	ठ	न	न	स	श	ि	ल	्	प	ग	घ	ण
अ	व	क	ा	श	घ	ट	ञ	फ	ठ	छ	उ	ञ	ऊ

गातोवोध
कला
शिल्प
डेरा डालना
शिकार करना
सिलाई
फोटोग्राफी
कौशल
हितों
बागवानी
खेल
पढ़ना
जादू
अवकाश
मछली पकड़ने
चित्रकारी
आनंद
विश्राम
पहेली
बुनाई

59 - Verduras

ध	ट	ण	श	इ	अ	ज	म	◌ो	द	प	ह	ट	आ
म	ऊ	आ	ल	◌ू	ज	◌ै	द	ल	ख	◌्	◌ा	स	फ
ट	श	ण	ज	ड	व	त	ठ	ह	◌ी	य	ख	ल	ध
ष	म	र	म	ह	◌ा	◌ू	म	स	र	◌ा	च	◌ा	क
ख	ढ	◌ा	◌ू	न	इ	न	ट	◌ु	◌ा	ज	ब	द	ष
श	च	य	ट	म	न	क	र	न	ञ	य	◌्	श	इ
ह	ए	स	ह	र	अ	द	र	क	र	ञ	र	ब	ण
उ	द	ए	ध	भ	न	◌्	ग	◌ा	ज	र	◌ो	म	ए
ह	ष	छ	ट	श	फ	द	ख	ष	ए	म	क	श	ञ
ह	ट	फ	थ	म	म	◌ू	ब	म	ऊ	स	◌ो	ध	आ
इ	ख	ढ	ऊ	भ	ष	ह	◌ै	◌ू	ह	छ	ल	ह	त
ट	घ	च	ञ	ग	श	ञ	◌ं	ल	ब	थ	◌ी	आ	ठ
ह	◌ा	थ	◌ी	च	क	ढ	ग	◌ी	द	च	छ	ऊ	ग
घ	द	च	आ	घ	ऊ	त	न	ऊ	इ	प	ष	इ	न

लहसुन
हाथी चक
अजवाइन
बैंगन
ब्रोकोली
कद्दू
प्याज
सलाद
पालक
मटर
अदरक
शलजम
जैतून
आलू
खीरा
अजमोद
मूली
मशरूम
टमाटर
गाजर

60 - Escalada

श	स	व	ज	न	ब	ढ	भ	ष	इ	व	व	घ	व
◌ा	व	ह	◌ि	◌ि	ऊ	◌ं	च	◌ा	ई	ष	भ	घ	◌ा
र	ग	◌े	ठ	श	ज	स	◌ं	क	◌ी	र	◌्	ण	य
◌ी	न	ल	ए	र	◌े	◌्	◌्	च	ड	द	फ	घ	◌ु
र	ब	म	च	ट	ञ	ष	ञ	थ	उ	ब	प	व	म
◌ि	ग	◌े	◌ो	ष	श	प	ज	◌ा	◌ि	ड	छ	ग	◌ं
क	ए	ट	ट	उ	ग	◌्	ढ	◌्	स	र	फ	◌ु	ड
ए	ग	◌ा	इ	ड	थ	र	ग	ग	ञ	◌ा	त	फ	ल
ञ	र	छ	ष	च	ड	श	ड	ल	ब	द	◌ा	◌ा	र
स	स	ड	ब	ष	ञ	◌ि	आ	उ	ण	त	क	ग	ब
ज	◌ू	त	◌े	उ	न	क	◌्	श	◌ा	आ	त	ऊ	ब
ए	ह	इ	ल	ढ	फ	◌्	भ	◌ू	भ	◌ा	ग	भ	द
र	फ	ञ	न	च	ए	ष	घ	च	घ	ञ	ष	म	आ
द	ठ	फ	श	ल	च	ण	द	स	◌्	त	◌ा	न	◌े

ऊंचाइ
वायुमंडल
जूते
हेलमेट
गुफा
जिज्ञासा
स्थिरता
संकीर्ण
विशेषज्ञ
शारीरिक
प्रशिक्षण
ताकत
दस्ताने
गाइड
चोट
नक्शा
भूभाग

61 - Mascotas

प	◌ि	ल	◌्	ल	◌ा	भ	ण	फ	त	य	प	ढ	छ
ट	व	प	ट	भ	◌ो	ज	न	द	ए	ढ	श	न	ह
◌्	ध	ष	ख	ध	घ	श	घ	घ	भ	ह	◌ु	ख	त
ट	च	◌ू	ह	◌ा	प	च	य	ण	ए	न	च	म	व
◌ा	इ	ह	ख	थ	र	र	ग	◌ा	य	म	◌ि	फ	भ
ठ	च	ख	क	◌ॉ	ल	र	ख	ख	न	प	क	च	थ
छ	इ	द	र	ब	◌ि	ल	◌्	ल	◌ी	ऊ	◌ि	ऊ	ष
प	ब	ऊ	फ	ग	व	भ	प	◌ं	ज	◌े	त	ऊ	द
फ	◌ू	इ	प	त	◌ो	त	◌ा	ड	ठ	ह	◌्	ट	ह
ए	स	◌ं	म	त	म	श	न	ग	ऊ	म	स	ञ	फ
र	ठ	ड	छ	ब	क	र	◌ौ	ठ	द	ह	क	ष	ड
उ	भ	ऊ	ल	ए	आ	छ	◌ि	प	क	ल	◌ी	ध	ब
आ	म	म	◌ी	फ	ध	क	◌ु	त	◌्	त	◌ा	ट	श
घ	ऊ	प	द	ग	ख	स	ए	आ	भ	न	ऊ	ग	थ

पानी
बकरी
पिल्ला
पूंछ
कॉलर
भोजन
खरगोश
पट्टा
पंजे
बिल्ली
छिपकली
तोता
कुत्ता
मछली
चूहा
कछुआ
गाय
पशु चिकित्सक

62 - Formas

क	स	द	श	ग	त	ञ	च	छ	इ	ड	ध	च	अ
च	◌ि	घ	ह	ण	उ	ग	भ	म	च	इ	ख	न	◌ं
ण	ल	न	व	ब	ल	ल	ब	ह	◌ु	भ	◌ु	ज	ड
द	◌े	च	◌ा	प	◌ि	र	◌ा	म	◌ि	ड	ऊ	य	◌ा
ण	◌ं	प	◌्	र	◌ि	ज	◌्	म	फ	ग	द	ल	क
ठ	ड	क	ध	ग	◌ो	ल	य	द	स	स	ब	ऊ	◌ा
व	र	◌्	ग	ट	श	◌ं	छ	ण	थ	ऊ	ग	र	र
र	इ	ष	य	ण	ठ	◌ं	क	◌ो	न	◌े	ण	◌े	म
फ	ऊ	ह	त	◌्	र	◌ि	क	◌ो	ण	भ	त	ख	ए
ष	उ	श	स	च	त	फ	ठ	◌ु	थ	य	ष	◌ा	आ
ग	ऊ	म	ख	व	क	◌्	र	ढ	इ	ट	च	द	भ
उ	प	भ	ड	ष	आ	थ	म	र	ठ	उ	आ	ष	ष
न	व	◌ृ	त	◌्	त	य	ञ	ण	ह	ठ	प	ड	च
द	◌ी	र	◌्	घ	व	◌ृ	त	◌्	त	म	ढ	र	घ

चाप
किनारों
सिलेंडर
वृत्त
शंकु
वर्ग
घन
वक्र
दीर्घवृत्त
कोने
पक्ष
रेखा
अंडाकार
पिरामिड
बहुभुज
प्रिज्म
आयत
गोल
त्रिकोण

63 - Flores

प	प	ग	◌ु	ल	द	स	◌्	त	◌ा	द	ण	स	आ
ट	त	◌्	च	ड	न	◌्	ड	◌े	ल	◌ि	अ	न	र
द	उ	◌्	ल	म	थ	इ	ए	ऊ	ग	स	ढ	भ	◌्
ञ	ञ	र	त	◌ू	◌े	ल	◌ै	व	◌े	◌ं	ड	र	क
घ	न	ग	ढ	◌ी	म	ल	ल	ण	उ	ऊ	◌े	स	◌ि
च	प	र	◌ा	स	◌ी	◌े	◌ी	फ	त	ञ	ज	◌ू	ड
ञ	ए	र	ख	ब	फ	ट	र	इ	ऊ	छ	◌़	र	आ
स	द	न	ट	◌्	य	◌ू	ल	◌ि	प	ह	◌ी	ज	न
घ	द	ग	ट	ड	स	ल	छ	फ	य	आ	प	म	न
ह	श	◌ु	प	ट	ट	ञ	ऊ	प	ए	◌ा	◌ो	◌ु	◌्
इ	ए	ल	◌ि	ल	◌ी	इ	ञ	ण	फ	र	स	ख	द
त	ग	◌ा	र	◌्	ड	◌े	न	◌ि	य	◌ा	◌्	◌ी	द
ह	◌ि	ब	◌ि	स	◌्	क	◌ु	स	ट	ग	त	उ	र
म	◌ै	ग	न	◌ो	ल	◌ि	य	◌ा	इ	ण	◌ा	व	श

पोस्ता
डन्डेलिअन
गार्डेनिया
सूरजमुखी
हिंबिस्कुस
चमेली
लैवेंडर
लिली
मैगनोलिया
डेज़ी
आर्किड
चपरासी
पत्ती
प्लूमेरिया
गुलदस्ता
गुलाब
आनन्द
ट्यूलिप

64 - Astronomía

ड	श	ढ	स	उ	ल	◌्	क	◌ा	न	ख	त	ठ	द
न	इ	क	◌ु	स	◌ं	स	◌ा	र	क	ग	व	र	◌ू
ग	व	◌्	प	च	ट	थ	र	ए	◌्	◌ो	द	ब	र
प	◌ि	ष	र	व	ड	ण	घ	ठ	ष	ल	ब	◌्	ब
त	ष	◌ु	न	◌े	◌ि	आ	ल	इ	त	व	प	र	◌ी
छ	◌ु	द	◌ो	ध	आ	क	◌ा	श	◌्	◌ि	◌ृ	ह	न
उ	व	◌्	व	श	ग	म	◌ि	ख	र	ज	थ	◌्	द
इ	प	र	◌ा	◌ा	च	◌्	च	र	र	◌्	◌्	म	र
प	श	ग	घ	ल	◌ा	उ	र	व	ण	ञ	व	◌ा	य
छ	ट	◌्	◌्	◌ा	◌ॅ	घ	ल	ह	ष	◌ा	◌ी	◌ं	ग
श	त	र	ढ	र	द	ऊ	त	ञ	ण	न	च	ड	◌्
थ	फ	ह	उ	स	ह	ट	ग	घ	ल	◌ी	भ	य	र
ग	◌ु	र	◌ु	त	◌्	व	◌ा	क	र	◌्	ष	ण	ह
आ	क	◌ा	श	ग	◌ं	ग	◌ा	र	◌ॉ	क	◌े	ट	ढ

क्षुद्रग्रह
खगोल विज्ञानी
आकाश
रॉकेट
नक्षत्र
ब्रह्मांड
ग्रहण
विषुव
आकाशगंगा
गुरुत्वाकर्षण
चाँद
उल्का
वेधशाला
ग्रह
विकिरण
उपग्रह
सुपरनोवा
दूरबीन
पृथ्वी
संसार

65 - Tiempo

ढ	उ	उ	व	ऊ	ढ	ट	ठ	व	फ	ढ	आ	आ	स
श	स	र	◌ा	ल	च	घ	ग	र	ढ	व	ज	त	द
द	श	क	र	ष	ल	अ	म	◌्	ए	ऊ	आ	ध	◌ी
ढ	इ	ल	◌्	स	◌ु	ब	ह	ष	य	त	ढ	म	श
ञ	ठ	घ	ष	प	स	थ	◌ी	छ	आ	द	र	ञ	ह
क	घ	म	◌ि	◌्	द	च	न	द	उ	फ	च	म	थ
◌ै	ए	ह	क	त	ख	◌ो	◌ा	भ	ष	श	ह	इ	र
ल	र	आ	ञ	◌ा	भ	त	प	श	र	श	छ	र	म
◌े	ध	न	ख	ह	व	ह	फ	ह	घ	◌ं	ट	◌ा	◌ि
◌ं	ल	प	ड	द	◌ि	न	श	घ	र	ठ	ड	ऊ	न
ड	घ	ण	श	य	ष	प	ल	र	ड	य	ख	य	ट
र	ग	थ	फ	ठ	◌्	थ	श	ग	◌ा	◌़	प	फ	भ
ए	व	ल	म	य	य	ड	व	छ	प	त	◌ी	ऊ	म
इ	स	स	◌े	प	ह	ल	◌े	ख	ढ	ञ	इ	फ	न

अब
इससे पहले
वार्षिक
वर्ष
कल
कैलेंडर
दशक
दिन
भविष्य
घंटा
आज
सुबह
दोपहर
महीना
मिनट
पल
रात
घड़ी
सप्ताह
सदी

66 - Paisajes

ल	ज	◌्	व	◌ा	ल	◌ा	म	◌ु	ख	◌ी	ढ	ण	प
◌ै	ञ	न	म	र	इ	ढ	ट	त	घ	न	ध	उ	◌्
ग	ड	स	ड	ण	श	ह	ष	स	म	◌ु	द	◌्	र
◌ू	प	थ	ट	आ	ञ	◌ि	ठ	ख	स	ट	प	ऊ	◌ा
न	ह	र	ब	ट	स	म	◌ु	द	◌्	र	त	ट	य
द	◌ा	त	न	छ	◌ु	ख	◌ा	ड	◌़	◌ी	ध	प	द
◌ी	ड	व	ए	आ	व	◌ं	ए	त	य	उ	ञ	म	◌्
थ	◌़	ठ	त	य	म	ड	ड	द	फ	श	ड	◌ु	व
झ	ट	ट	ल	ञ	श	घ	घ	◌्	ल	ब	य	ह	◌ी
र	◌े	ग	◌ि	स	◌्	त	◌ा	न	र	द	म	◌ा	प
न	प	◌ु	ठ	प	ल	थ	झ	ट	ट	◌ा	ल	न	ग
◌ा	ट	फ	व	द	◌्	व	◌ी	प	◌ी	ठ	ष	◌ा	इ
ऊ	म	◌ा	न	म	ग	◌्	ल	◌े	श	◌ि	य	र	ठ
म	र	◌ू	द	◌्	य	◌ा	न	ह	ण	च	ऊ	स	आ

झरना
गुफा
रेगिस्तान
मुहाना
ग्लेशियर
खाड़ी
हिमखंड
द्वीप
झील
लैगून
समुद्र
पहाड़
मरूद्यान
दलदल
प्रायद्वीप
समुद्र तट
नदी
टुंड्रा
घाटी
ज्वालामुखी

67 - Días y Meses

न	ग	ट	द	न	ख	य	ह	अ	ज	◌ू	न	फ	ञ
ध	म	श	उ	ञ	छ	य	ठ	प	ढ	र	व	र	ध
स	प	ख	ब	ढ	इ	न	ढ	◌्	आ	ऊ	◌ं	व	फ
र	◌ा	स	◌ि	त	◌ं	ब	र	र	य	य	ब	र	व
क	व	म	अ	ग	स	◌्	त	◌ै	न	ऊ	र	◌ी	घ
◌ै	र	◌ि	व	क	म	◌ं	ग	ल	व	◌ा	र	प	द
ल	◌्	उ	व	◌ा	◌्	स	प	◌्	त	◌ा	ह	थ	ब
◌े	ष	न	ष	◌ा	र	ट	म	ठ	ञ	ध	ण	ग	◌ु
◌ं	च	आ	प	प	र	ल	◌ू	च	ट	न	ण	◌ु	ध
ड	द	इ	घ	ञ	घ	ण	फ	ब	य	इ	ठ	र	व
र	श	◌ु	क	◌्	र	व	◌ा	र	र	च	द	◌ू	◌ा
त	फ	ग	श	न	◌ि	व	◌ा	र	श	थ	च	व	र
म	ह	◌ी	न	◌ा	ठ	ढ	ज	◌ु	ल	◌ा	ई	◌ा	र
ढ	ढ	फ	ख	ज	न	व	र	◌ी	प	ञ	फ	र	न

अप्रैल
अगस्त
वर्ष
कैलेंडर
रविवार
जनवरी
फरवरी
गुरूवार
जुलाई
जून

सोमवार
मंगलवार
महीना
बुधवार
नवंबर
अक्टूबर
शनिवार
सप्ताह
सितंबर
शुक्रवार

68 - Chocolate

ञ	म	च	ग	थ	प	ल	इ	ख	द	य	ग	ड	क
ग	◌ि	◌ी	स	◌ु	ग	◌ं	ध	फ	ड	उ	थ	त	◌ो
घ	ठ	न	ञ	स	ण	य	द	ड	व	उ	प	ख	क
ब	◌ा	◌ी	ठ	स	◌्	व	◌ा	द	◌ि	ष	◌्	ट	◌ो
क	ई	न	ख	ह	घ	त	त	ल	ध	ञ	र	ख	ह
◌ै	द	◌ा	क	ह	ट	क	द	◌्	◌ि	य	◌ि	आ	ह
◌ं	ए	र	◌ै	ड	क	स	◌ु	प	त	ख	य	ऊ	न
ड	च	◌ि	ल	इ	◌़	◌्	ञ	ट	प	◌ा	उ	ड	र
◌ी	छ	य	◌ो	इ	ड	व	ष	ष	◌ी	ट	ष	व	घ
ल	ए	ल	र	इ	घ	◌ा	◌ा	ग	ञ	र	श	भ	र
ह	ग	ढ	◌ी	व	◌ि	द	◌े	श	◌ी	ल	य	स	च
ए	◌ं	ट	◌ी	ऑ	क	◌्	स	◌ी	ड	◌े	◌ं	ट	ख
म	◌ू	◌ं	ग	फ	ल	◌ी	ष	ग	व	ल	द	ल	भ
ठ	ग	ठ	ए	ख	न	ड	भ	ख	इ	श	ब	थ	इ

कड़वा
एंटीऑक्सीडेंट
सुगंध
कुटीर
चीनी
मूंगफली
कोको
गुणवत्ता
कैलोरी
कैंडी
नारियल
स्वादिष्ट
मिठाई
विदेशी
प्रिय
स्वाद
घटक
पाउडर
विधि

69 - Barbacoas

स	ल	◌ा	द	छ	च	ट	न	◌ी	च	ब	द	म	ऊ
ग	◌ं	त	प	◌्	य	◌ा	ज	ए	◌ि	च	◌ो	◌ि	ष
भ	र	ग	ट	इ	म	द	क	म	क	◌्	प	र	प
श	म	◌्	◌ी	त	न	ए	ण	◌ू	न	च	ह	◌्	स
प	उ	र	म	त	म	स	स	ट	ढ	◌े	र	च	त
र	ल	◌ि	थ	◌ी	क	थ	न	भ	य	ञ	क	ष	च
◌ि	य	ल	ड	म	ञ	थ	घ	च	ट	म	◌ा	ट	र
व	छ	ब	म	ग	इ	ख	प	इ	श	य	भ	◌ू	ख
◌ा	ध	र	म	ल	इ	ड	श	ञ	ष	घ	◌ो	ए	◌े
र	व	र	◌ा	त	क	◌ा	ख	◌ा	न	◌ा	ज	ग	ल
थ	फ	ल	ठ	द	ह	ध	ऊ	र	ष	ए	न	र	थ
स	ब	◌्	ज	◌ि	य	◌ा	◌ं	भ	ब	च	र	म	ग
ढ	श	ष	द	न	थ	छ	ट	भ	ख	त	इ	ञ	ऊ
ग	र	ञ	श	श	आ	य	ब	ड	श	छ	द	फ	ब

दोपहर का भोजन
गरम
प्याज
रात का खाना
चाकू
सलाद
परिवार
फल
भूख
खेल
संगीत
बच्चे
ग्रिल
मिर्च
चिकन
नमक
चटनी
टमाटर
गर्मी
सब्जियां

70 - Ropa

ए	थ	ऊ	ट	च	ब	ड	म	ब	ठ	ऊ	ल	ठ	व
य	प	स	द	द	◌ु	प	ट	◌्	ट	◌ा	य	थ	ख
च	◌ा	◌्	प	◌ो	श	◌ा	क	ल	ब	ल	ऊ	उ	म
व	ज	क	र	य	ड	ण	ब	◌ा	थ	◌े	इ	श	म
त	◌ा	र	ट	न	थ	ट	ड	उ	ए	क	ल	ठ	ख
ष	म	◌्	प	प	छ	भ	ए	ज	च	ण	म	◌्	भ
श	◌ा	ट	छ	छ	ट	र	भ	◌ै	ट	◌ो	प	◌ी	ट
छ	ढ	थ	थ	ध	इ	स	य	क	र	फ	◌ै	ढ	ज
स	◌्	व	◌े	ट	र	क	थ	◌े	स	◌ै	◌ं	ड	ल
घ	ण	ब	न	म	ऊ	◌ो	फ	ट	आ	श	ट	भ	छ
फ	श	ठ	च	ह	ख	ट	क	ज	भ	न	थ	ञ	इ
द	स	◌्	त	◌ा	न	◌े	◌ं	◌ू	◌ू	फ	म	थ	ऊ
ठ	द	ब	इ	र	न	ग	ग	त	ष	ण	ष	ध	ञ
न	ण	थ	ध	ब	ट	फ	न	◌ा	ण	व	ख	ठ	द

कोट
ब्लाउज
दुपट्टा
कमीज
जैकेट
बेल्ट
हार
एप्रन
स्कर्ट
दस्ताने
आभूषण
फैशन
पैंट
पाजामा
कंगन
सैंडल
टोपी
स्वेटर
पोशाक
जूता

71 - Meditación

द	य	◌ा	ल	◌ु	त	◌ा	म	ञ	ग	ऊ	ट	न	प
स	◌्	व	◌ी	क	◌ृ	त	◌ि	◌ा	श	त	ब	अ	◌्
प	ण	ण	उ	ञ	ट	ञ	ए	ध	न	थ	◌ि	व	र
र	न	भ	छ	व	ट	ट	ब	ड	आ	स	न	ल	क
◌ि	श	ए	र	ण	प	छ	ठ	प	घ	◌्	◌ि	◌ो	◌ृ
प	क	◌ृ	त	ज	◌्	ञ	त	◌ा	आ	प	ण	क	त
◌्	छ	न	श	◌ा	◌ं	त	◌ि	ग	श	ष	र	न	◌ि
र	म	न	◌ा	इ	य	त	ठ	ठ	स	◌्	ल	ब	ठ
◌े	◌ौ	ल	◌ं	ट	ख	ट	भ	ड	◌ं	ट	व	म	फ
क	न	घ	त	ध	◌्	य	◌ा	न	ग	त	◌ि	◌ा	द
◌्	भ	ञ	म	ल	उ	छ	प	ठ	◌ो	◌ा	च	आ	स
ष	भ	◌ा	व	न	◌ा	ए	◌ँ	ब	त	प	◌ा	र	स
◌्	स	ल	ढ	ष	स	च	छ	ढ	ऊ	घ	र	व	ऊ
य	ख	ए	द	य	◌ा	ड	त	च	फ	त	ए	ए	छ

स्वीकृति
ध्यान
दयालुता
शांत
स्पष्टता
दया
भावनाएँ
कृतज्ञता
मानसिक
मन
गाते
संगीत
प्रकृति
अवलोकन
शांति
विचार
परिप्रेक्ष्य
आसन
श्वास
मौन

72 - Comedia

ह	ग	त	च	ऊ	ऊ	घ	व	क	द	ग	न	ए	छ
◌ा	द	अ	भ	◌ि	न	◌े	त	◌ा	ढ	र	स	ल	श
स	थ	व	इ	ञ	प	ष	ह	म	ह	ड	◌्	ए	ज
◌्	च	त	◌ु	र	त	स	◌ू	च	क	व	ब	श	◌ो
य	स	त	च	◌ु	ट	क	◌ु	ल	◌े	म	◌ा	व	क
द	ए	ट	द	ढ	फ	ट	त	◌ा	व	ज	ध	ह	र
श	म	श	स	ल	आ	ष	म	ऊ	ह	◌़	फ	ठ	◌ी
ठ	प	ए	व	ह	◌ँ	स	◌ी	म	ए	◌ा	ख	थ	श
श	◌ै	ल	◌ी	ए	ख	ल	थ	ञ	ड	छ	ब	ल	ध
त	र	आ	ग	घ	ग	फ	ढ	◌ि	ध	य	थ	ऊ	ट
म	◌ो	न	ड	ब	न	ढ	ञ	च	ए	च	इ	ड	य
उ	ड	ट	◌े	ल	◌ी	व	◌ि	ज	न	ट	ड	ढ	र
म	◌ी	ल	च	अ	भ	◌ि	न	◌े	त	◌्	र	◌ी	इ
छ	ढ	न	ए	ह	ग	ठ	प	छ	र	द	फ	ऊ	त

आभिनेता
अभिनेत्री
वाहवाही
दर्शक
चुटकुले
मज़ा
सूचक
शैली
हास्य
कामचलाऊ
चतुर
पैरोडी
ज़ोकर
हँसी
थिएटर
टेलीविजन

73 - Libros

प	◌ा	ठ	क	व	ि◌	स	र	◌्	ज	न	ट	ग	क
द	◌्	व	◌ं	द	◌्	व	श	◌ृ	◌ं	ख	ल	◌ा	थ
ल	घ	र	ध	य	भ	त	च	श	भ	र	आ	व	◌ा
उ	प	आ	◌ा	च	ञ	ञ	ह	घ	ल	ड	व	इ	व
ऐ	म	ष	भ	स	◌ा	ह	ि◌	त	◌्	य	ि◌	क	◌ा
ञ	त	व	भ	ब	◌ं	स	क	ल	ल	उ	ष	द	च
ब	ड	ि◌	च	थ	ध	ग	व	◌े	ि◌	प	◌्	◌ु	क
न	ख	ह	ह	प	क	इ	ि◌	ख	ख	न	क	ख	घ
ख	ल	ख	आ	◌ा	ह	ह	त	क	ि◌	◌्	◌ा	द	ए
प	◌ृ	ष	◌्	ठ	स	छ	◌ा	द	त	य	र	ग	ल
ख	ख	ध	ठ	द	फ	ि◌	श	न	आ	◌ा	श	घ	ञ
व	ि◌	न	◌ो	द	◌ी	ख	क	घ	◌ी	स	◌ी	ड	स
स	◌ं	ग	◌्	र	ह	ऊ	ब	ख	ब	त	ल	ह	ख
स	◌ं	द	र	◌्	भ	स	◌ा	ह	स	ि◌	क	ल	ड

लेखक
साहसिक
संग्रह
संदर्भ
द्वंद्व
लिखित
कहानी
ऐतिहासिक
विनोदी
विसर्जन
आविष्कारशील
पाठक
साहित्यिक
कथावाचक
उपन्यास
पृष्ठ
प्रासंगिक
कविता
शृंखला
दुखद

74 - Nutrición

ग	ञ	र	क	◌ै	ल	◌ो	र	◌ी	स	ट	उ	ढ	स
ह	◌ु	व	व	◌ि	प	ग	क	प	ञ	ण	ञ	ण	◌्
ष	व	ण	ण	इ	ण	ध	ड	ह	थ	इ	ए	म	व
ल	न	च	व	ज	न	◌्	◌़	ण	ल	ड	त	ए	◌ा
ए	व	ग	◌ि	त	ठ	ष	व	स	◌्	व	◌ा	द	स
इ	श	ठ	ष	न	◌्	ख	◌ा	न	आ	ह	◌ा	र	◌्
स	ऊ	घ	ञ	द	व	त	ख	प	ध	भ	प	थ	थ
स	◌ं	ब	घ	द	◌ि	छ	◌ा	◌ा	म	ऊ	य	छ	◌्
◌्	भ	त	ख	ट	ट	घ	द	च	ट	न	◌ी	म	य
व	◌ू	र	◌ु	थ	◌ा	ट	◌्	न	आ	द	त	◌े	◌ं
स	ख	व	ठ	ल	म	ए	य	ष	थ	श	ध	श	न
◌्	ट	ख	ष	व	◌ि	म	स	अ	न	◌ा	ज	ड	छ
थ	छ	ट	ढ	ल	न	त	प	◌्	र	◌ो	ट	◌ी	न
प	◌ु	ष	◌्	ट	◌ि	क	र	छ	द	ण	व	ब	ट

कड़वा
भूख
गुणवत्ता
कैलोरी
अनाज
खाद्य
आहार
पाचन
संतुलित
किण्वन

आदतें
पुष्टिकर
वजन
प्रोटीन
स्वाद
चटनी
स्वास्थ्य
स्वस्थ
विष
विटामिन

75 - Bondad

ध	उ	प	य	ो	ग	ी	ड	ह	ख	न	अ	आ	ग
ड	स	्	न	े	ह	ी	र	ो	ग	ी	न	इ	्
ग	ह	य	व	ब	ल	ष	उ	च	ग	ख	ु	श	र
द	न	ा	द	ि	ऊ	म	द	ण	म	ञ	क	थ	ह
श	श	र	भ	य	श	द	ा	म	े	ड	ू	ठ	ण
ध	ी	ह	फ	त	ा	्	र	ग	ह	र	ल	स	श
व	ल	त	ड	ब	ऊ	ल	व	ष	म	र	ध	ख	ी
उ	ा	व	ि	न	ी	त	ु	स	ा	भ	च	ड	ल
ल	ट	स	फ	न	स	ञ	त	म	न	स	द	ष	ट
च	आ	च	्	ट	प	ब	फ	झ	न	ी	ड	ऊ	ब
ौ	ग	ध	ल	त	थ	ग	ग	ह	व	ढ	य	ठ	ख
क	आ	ञ	म	ड	व	ए	ई	म	ा	न	द	ा	र
स	ह	ह	श	थ	त	ि	ञ	द	ज	ड	ट	घ	ठ
उ	छ	ण	ढ	ठ	आ	ठ	क	ण	ड	ध	ड	स	ल

स्नेही
अनुकूल
प्यार
चौकस
दयालु
समझ
खुश
विश्वसनीय
उदार
वास्तविक
ईमानदार
मेहमाननवाज
रोगी
ग्रहणशील
विनीत
सहनशील
उपयोगी

76 - Edificios

फ	भ	फ	व	◌े	ध	श	◌ा	ल	◌ा	द	द	इ	छ
भ	प	य	◌ै	प	थ	थ	स	य	ण	फ	◌ू	ञ	◌ा
व	च	ए	घ	क	ध	◌ि	◌ं	स	आ	व	त	अ	त
ल	च	इ	ञ	◌ि	◌्	ए	ग	ड	ख	घ	◌ा	स	◌्
व	श	श	च	ल	प	ट	◌्	उ	ट	उ	व	◌्	र
ठ	ब	ल	आ	◌ा	◌्	र	र	म	ह	म	◌ा	प	◌ा
ग	◌ै	र	◌े	ज	र	ह	ह	◌ी	न	◌ो	स	त	व
स	◌्	क	◌ू	ल	य	ऊ	◌ा	न	इ	थ	ट	◌ा	◌ा
उ	भ	र	म	ड	◌ो	व	ल	◌ा	इ	न	च	ल	स
च	य	ह	घ	इ	ग	इ	य	र	ए	ह	म	फ	त
द	घ	इ	प	प	श	स	◌्	ट	◌े	ड	◌ि	य	म
स	◌ि	न	◌े	म	◌ा	ख	स	द	य	ख	व	ठ	न
फ	ण	म	श	ख	ल	◌ि	ह	◌ा	न	म	◌े	फ	ए
स	◌ु	प	र	म	◌ा	र	◌्	क	◌े	ट	च	त	ढ

छात्रावास
किला
सिनेमा
दूतावास
स्कूल
स्टेडियम
फैक्टरी
गैरेज
खलिहान
खेत
अस्पताल
होटल
प्रयोगशाला
संग्रहालय
वेधशाला
सुपरमार्केट
थिएटर
मीनार

77 - Océano

ध	ढ	क	स	◌्	प	◌ं	ज	ख	इ	घ	च	ड	त
त	ग	◌े	म	छ	ल	◌ौ	◌े	◌्	छ	श	ठ	◌ॉ	ड
ल	ए	क	◌ु	स	ड	ट	ल	ऊ	व	ग	ष	ल	ए
क	प	ड	द	◌ी	छ	ढ	◌ि	ड	व	◌ा	आ	◌्	ल
छ	म	◌़	◌्	प	भ	श	फ	ग	स	ष	र	फ	ट
◌ु	◌ू	◌ा	र	ञ	भ	छ	◌़	व	ऊ	ब	घ	◌ि	थ
आ	◌ं	ध	◌ी	ड	म	ण	◌ि	द	त	ञ	म	न	ठ
न	ग	इ	श	च	त	ठ	श	न	म	क	उ	ल	झ
घ	◌ा	फ	◌ै	◌ै	ट	◌ू	न	◌ा	श	ण	ढ	घ	◌ी
न	स	छ	व	इ	व	ड	घ	व	ल	◌ा	ध	उ	◌ं
च	ग	ह	◌ा	ए	◌्	◌ा	ग	च	ड	ठ	र	आ	ग
ग	ढ	ए	ल	ऊ	ह	ध	ल	ट	य	इ	छ	◌्	◌ा
म	आ	आ	ब	ल	◌े	ऑ	क	◌्	ट	◌ो	प	स	क
घ	ञ	स	ख	ठ	ल	च	ट	◌्	ट	◌ा	न	ध	य

शैवाल
समुद्री शैवाल
चट्टान
टूना
व्हेल
नाव
झींगा
केकड़ा
मूंगा
डॉल्फिन
स्पंज
ज्वार
जेलिफ़िश
सीप
मछली
ऑक्टोपस
नमक
शार्क
आंधी
कछुआ

78 - Ciudad

क	य	उ	स	ि	न	े	म	ा	ग	ठ	फ	प	ठ
्	ण	र	श	ु	ल	आ	ढ	म	आ	छ	ू	ु	ह
ल	व	घ	ष	ठ	प	ग	ठ	म	छ	व	ल	स	घ
ि	च	थ	ि	ए	ट	र	ब	ै	ं	क	व	्	द
न	छ	च	ह	ञ	ढ	फ	म	म	म	थ	ा	त	प
ि	घ	ण	र	भ	ब	ा	ज	ा	र	म	ल	क	ड
क	त	ठ	ड	ल	ब	र	ए	ग	र	स	ा	ा	घ
ह	व	ा	ई	अ	ड	्	ड	ा	ै	्	ह	ल	ऊ
न	ह	ण	ध	म	ए	म	स	त	ढ	ल	क	य	ह
द	ु	क	ा	न	च	े	ष	्	ध	स	र	े	ो
आ	ञ	ग	ट	द	र	स	न	त	क	फ	त	ी	ट
ब	े	क	र	ी	ष	ी	ष	च	फ	ू	ऊ	ढ	ल
ष	आ	ष	स	्	ट	े	ड	ि	य	म	ल	य	ञ
ग	छ	ष	ब	भ	भ	ो	ज	न	ा	ल	य	ध	ए

हवाई अड्डा
बैंक
पुस्तकालय
सिनेमा
क्लिनिक
स्कूल
स्टेडियम
फार्मेसी
फूलवाला
गैलरी
होटल
बाजार
बेकरी
भोजनालय
सुपरमार्केट
थिएटर
दुकान

79 - Exploración

ट	ब	अ	छ	छ	ल	ख	च	र	प	ठ	छ	ष	ट
ह	त	ख	◌ं	ख	ल	श	ण	इ	श	ख	ठ	प	भ
भ	इ	ऊ	आ	त	ण	भ	◌ू	भ	◌ा	ग	◌ो	ठ	ष
घ	ज	◌ा	न	व	र	◌ो	◌ं	◌ा	ढ	थ	भ	ज	य
श	◌ं	न	ट	भ	द	◌ि	ग	ष	म	क	न	य	◌ा
य	ग	ड	ल	ध	ग	ग	क	◌ा	य	◌ा	स	ध	च
त	ल	व	ठ	इ	ऊ	त	ढ	◌्	व	व	◌ा	ढ	प
ष	◌ो	अ	न	ज	◌ा	न	◌ि	म	ष	ट	ह	फ	आ
उ	त	◌्	स	◌ा	ह	ग	स	व	थ	इ	स	उ	स
ध	न	स	◌ं	स	◌्	क	◌ृ	त	◌ि	य	◌ो	◌ं	ठ
द	◌ृ	ढ	◌़	न	◌ि	श	◌्	च	य	ध	द	म	इ
व	ख	न	आ	इ	य	◌ा	त	◌्	र	◌ा	◌ि	इ	ह
ब	द	भ	इ	ञ	ए	घ	ण	म	आ	ए	व	न	छ
ज	◌ो	ख	◌ि	म	इ	य	ख	द	◌ू	र	ट	य	म

गातीविधे
थकावट
जानवरों
साहस
संस्कृतियों
अनजान
खोज
दृढ़ निश्चय
दूर
उत्साह
अंतरिक्ष
भाषा
नया
जोखिम
जंगली
भूभाग
यात्रा

80 - Campeonato

ण	द	ल	ञ	ल	इ	म	ल	ह	ऊ	स	श	ए	छ
प	श	क	द	ठ	ए	ह	ए	च	श	व	ख	स	न
इ	ढ	◌ा	थ	ख	ख	र	व	स	च	ट	ड	◌े	श
ल	र	च	◌ै	म	◌्	प	◌ि	य	न	श	◌ि	प	ल
स	ह	फ	◌ै	फ	त	द	ज	ड	◌्	आ	ष	द	◌ी
ष	ष	◌ा	त	◌ं	म	क	य	श	य	थ	स	ए	ग
र	द	इ	र	ड	प	श	ञ	ग	◌ा	स	ट	ह	व
र	ण	न	◌ी	त	◌ि	◌ि	द	द	य	स	इ	प	न
ड	च	ल	ञ	श	उ	म	य	ग	◌ा	प	ल	◌्	ल
ख	ए	इ	ए	ठ	घ	ल	ड	न	ध	म	प	र	उ
ट	◌ी	म	ध	ण	ऊ	न	ठ	र	◌ी	ढ	स	◌े	थ
च	ऊ	ढ	प	◌्	र	द	र	◌्	श	न	◌ी	र	व
ट	◌ू	र	◌्	न	◌ा	म	◌े	◌ें	ट	व	न	ण	घ
आ	द	त	ए	आ	आ	ए	ण	ट	ऊ	स	◌ा	◌ा	य

चैम्पियनशिप
चैंपियन
खेल
कोच
टीम
रणनीति
फाइनल
न्यायाधीश
लीग
पदक
प्रेरणा
प्रदर्शन
सहन
टूर्नामेंट
पसीना
विजय

81 - Actividades y Ocio

ख	र	◌ी	द	◌ा	र	◌ी	श	च	ट	ड	ढ	य	उ
द	फ	ग	ठ	ख	ग	फ	च	◌ौ	व	◌े	फ	श	ए
ब	ष	व	च	छ	त	प	प	ञ	क	र	न	च	भ
◌े	ढ	ए	इ	स	◌ै	ब	श	ह	ल	◌ा	म	◌ि	भ
स	इ	न	ख	आ	र	◌ा	म	च	◌ा	ड	छ	त	स
ब	र	थ	स	त	◌ा	ग	ब	ख	ह	◌ा	ल	◌्	आ
◌ॉ	ख	◌्	ष	ष	क	व	उ	ग	थ	ल	◌ी	र	य
ल	म	त	फ	च	◌ी	◌ा	उ	ण	ग	न	प	क	य
ठ	ढ	फ	ध	◌ि	फ	न	थ	श	द	◌ा	क	◌ा	◌ा
ए	ल	थ	त	आ	◌ं	◌ी	ट	ख	म	इ	ड	र	त
ड	◌ा	इ	व	◌ि	◌ं	ग	◌ो	ल	◌्	फ	◌़	◌ी	◌्
ब	◌ा	स	◌्	क	◌े	ट	ब	◌ॉ	ल	फ	न	भ	र
म	◌ु	क	◌्	क	◌े	ब	◌ा	ज	◌ी	ठ	◌े	ण	◌ा
व	◌ॉ	ल	◌ी	ब	◌ॉ	ल	थ	च	त	थ	ए	भ	म

शौक
कला
बास्केटबॉल
बेसबॉल
मुक्केबाजी
डाइविंग
डेरा डालना
खरीदारी
गोल्फ
बागवानी
तैराकी
मछली पकड़ने
चित्रकारी
आराम
सर्फिंग
टेनिस
यात्रा
वॉलीबॉल

82 - Comida #1

त	इ	ब	ष	ए	द	ञ	उ	त	थ	च	स	श	ड
ब	ु	फ	उ	थ	र	ड	उ	ग	व	भ	्	ह	ष
भ	ड	ल	ह	द	ह	ऊ	म	त	त	य	ट	ल	प
ध	न	ञ	स	थ	ध	र	स	प	श	प	्	ए	त
म	ा	ं	स	ी	ञ	ष	म	न	ल	्	र	प	ब
इ	श	ए	श	ल	ग	ग	ग	ड	ज	य	ॉ	ठ	द
ए	प	स	ञ	ह	ा	ध	य	ख	म	ा	ब	न	ू
ल	ा	ू	ब	स	ज	द	ए	ऊ	म	ज	े	म	ध
ट	त	प	ध	ु	र	व	ा	प	श	ौ	र	क	भ
ू	ी	र	न	न	आ	स	ड	ल	ण	च	ी	न	ी
न	ह	ग	ह	ी	थ	र	त	घ	च	त	ए	त	त
ा	च	ट	छ	ं	ध	थ	द	स	र	ी	छ	ड	त
प	ा	ल	क	ब	प	ु	द	ी	न	ा	न	ब	र
ड	ञ	ड	थ	ू	ष	ड	छ	श	ञ	ध	प	ी	ञ

लहसुन
तुलसी
टूना
चीनी
दालचीनी
मांस
जौ
प्याज
सलाद
पालक
स्ट्रॉबेरी
रस
दूध
नींबू
पुदीना
शलजम
नाशपाती
नमक
सूप
गाजर

83 - Virtudes #1

व	क	क	◌ु	श	ल	ड	आ	ऊ	ष	ख	स	भ	उ
न	◌्	ल	ज	ि◌	ज	◌्	ञ	◌ा	स	◌ु	◌्	त	व
ि◌	न	य	◌ा	श	न	ह	म	ध	भ	◌ा	व	◌ु	क
र	च	त	◌ा	त	त	ए	आ	ड	म	ठ	त	ष	उ
◌्	म	ड	श	व	◌्	र	थ	ढ	ह	स	◌ं	द	प
ण	त	भ	श	प	ह	म	◌ो	◌ं	थ	◌्	त	ब	य
◌ा	ए	अ	च	◌्	छ	◌ा	क	ग	ढ	व	◌्	◌ु	◌ो
य	ख	ध	थ	ढ	ध	म	र	च	◌ी	च	र	द	ग
क	ए	ख	आ	श	श	◌ू	ध	ि◌	ठ	◌्	र	◌्	◌ी
म	प	ञ	क	ढ	ढ	ल	घ	उ	क	छ	ल	ध	ख
श	ख	घ	र	द	ह	◌ी	र	ह	ठ	ल	प	ि◌	ल
व	ि◌	श	◌्	व	स	न	◌ी	य	ढ	फ	ए	म	त
ञ	त	त	ष	ऊ	म	ए	भ	च	ग	उ	द	◌ा	र
य	न	स	क	ल	◌्	प	न	◌ा	श	◌ी	ल	न	घ

भावुक
कलात्मक
अच्छा
जिज्ञासु
निर्णायक
कुशल
आकर्षक
विश्वसनीय
उदार
कल्पनाशील
स्वतंत्र
बुद्धिमान
स्वच्छ
मामूली
रोगी
व्यावहारिक
ढंग
उपयोगी

84 - Literatura

ध	भ	ग	उ	त	स	ब	त	◌ु	ल	न	◌ा	ह	त
व	ष	स	प	◌ु	ष	◌ं	ष	श	ढ	◌ि	क	थ	◌ा
◌ि	◌ि	ध	न	क	ज	◌ी	व	न	◌ी	ष	◌ा	क	ल
श	त	ष	◌्	◌ि	न	छ	◌ि	◌ा	त	◌्	व	थ	थ
◌्	फ	र	य	स	न	श	व	ष	द	क	◌्	◌ा	ठ
ल	ञ	ल	◌ा	◌्	श	◌ै	र	व	व	र	य	व	ऊ
◌े	स	म	स	स	व	ल	ण	ग	ठ	◌्	◌ा	◌ा	ल
ष	छ	ए	ड	◌ा	ए	◌ी	◌े	ष	ग	ष	त	च	म
ण	स	स	म	◌ा	न	त	◌ा	ख	भ	म	◌्	क	व
इ	व	इ	र	◌ू	प	क	आ	फ	क	व	म	व	इ
त	◌्	र	◌ा	स	द	◌ी	य	द	ष	च	क	◌ि	भ
भ	ड	ब	इ	उ	व	ख	म	ढ	न	ठ	भ	त	ब
थ	ञ	घ	र	ऊ	ध	त	उ	ड	स	ञ	प	◌ा	श
ध	ल	य	आ	प	छ	ल	ड	श	ण	च	ट	फ	आ

समानता
विश्लेषण
किस्सा
लेखक
जीवनी
तुलना
निष्कर्ष
विवरण
संवाद
शैली
कथा
रूपक
कथावाचक
उपन्यास
कविता
काव्यात्मक
तुक
ताल
विषय
त्रासदी

85 - Baño

ए	प	भ	द	र	घ	स	ऊ	त	फ	य	य	य	द
स	ग	◌ा	ढ	ख	भ	भ	य	च	ब	◌ौ	छ	◌ा	र
◌ा	◌्	प	न	त	उ	ग	ख	ख	ख	ठ	श	श	◌्
ब	य	न	ग	◌ी	र	ब	ल	र	ह	ट	◌ौ	प	प
◌ु	ब	स	◌ा	ल	◌ो	श	न	◌ी	ऊ	ख	च	भ	ण
न	त	ख	ध	न	इ	स	इ	ठ	च	ढ	◌ा	न	त
ढ	थ	ऊ	य	ट	त	◌ौ	ल	◌ि	य	◌ा	ल	ल	उ
ञ	य	व	ख	व	◌्	म	ब	च	ए	थ	य	श	व
च	ठ	ध	स	र	र	ण	ठ	श	फ	न	फ	◌ै	आ
ब	◌ु	ल	ब	◌ु	ल	◌े	स	◌्	प	◌ं	ज	म	भ
ष	फ	न	ट	ष	ध	न	ध	घ	भ	ट	ऊ	◌्	छ
न	ठ	र	श	ण	द	न	फ	ख	ग	ह	य	प	ब
ड	ध	त	ष	द	य	भ	म	इ	ब	व	र	◌ू	ब
घ	स	ञ	य	त	ण	इ	ष	फ	क	◌ै	◌ं	च	◌ी

पानी
गलीचा
शौचालय
स्नान
बुलबुले
शैम्पू
बौछार
दर्पण
स्पंज
नल
साबुन
लोशन
इत्र
कैंची
तौलिया
भाप

86 - Clima

च	य	द	ध	ज	ञ	त	इ	ख	इ	ष	य	ड	ध
ल	घ	ण	छ	ल	थ	ड	◌ं	श	य	ञ	आ	न	ह
त	म	र	ठ	व	उ	भ	द	ग	ड	ढ	ग	ध	न
◌ू	स	ब	आ	◌ा	ष	ध	◌्	र	◌ु	व	◌ी	य	ण
फ	◌ू	र	क	य	◌्	ल	र	ज	ष	ञ	ण	ल	छ
◌ा	ख	◌्	◌ा	◌ु	ण	थ	ध	ब	ट	ल	इ	ट	ड
न	◌ा	फ	श	ञ	क	ल	न	◌ा	व	ठ	द	फ	म
ब	श	घ	ह	ध	ट	म	◌ु	द	ढ	◌ं	ल	ऊ	◌ा
भ	◌ि	भ	व	ल	◌ि	ब	ष	ल	ढ	श	ड	फ	न
ध	य	ज	◌ा	ग	ब	त	◌ा	प	म	◌ा	न	र	स
थ	य	स	ल	आ	◌ं	ध	◌ी	ढ	त	◌ं	छ	ध	◌ू
ऊ	ए	ब	इ	◌ी	ध	य	द	च	◌़	त	र	ल	न
स	ऊ	ढ	व	स	◌ी	म	ध	द	क	◌ो	ह	र	◌ा
ह	ह	ग	व	◌ा	य	◌ु	म	◌ं	ड	ल	ञ	य	च

इंद्रधनुष
वायुमंडल
शांत
आकाश
जलवायु
बर्फ
तूफान
बाढ़
मानसून
कोहरा
बादल
ध्रुवीय
बिजली
सूखा
तापमान
आंधी
बवंडर
उष्णकटिबंधीय
गरज
हवा

87 - Comida #2

फ	च	आ	भ	न	फ	त	र	ल	थ	च	च	न	स
ल	च	◌ि	क	न	ढ	ख	ण	न	म	◌ा	◌ॉ	म	◌ू
त	◌े	थ	ट	ऊ	म	ल	ष	फ	ट	व	क	ड	र
ग	र	ण	ण	व	ड	य	ण	घ	इ	ल	ल	उ	ज
प	◌ी	ड	द	ष	ल	य	थ	घ	ण	प	◌े	भ	म
ण	ख	ए	थ	स	ग	छ	ध	आ	ऊ	य	ट	व	◌ु
स	म	ए	ड	य	◌े	ध	अ	र	व	क	न	स	ख
ऊ	ह	ह	ए	ए	ह	ब	ज	◌ं	प	ह	◌े	ष	◌ी
थ	म	थ	ण	ऊ	◌ृ	ट	व	न	ड	ह	श	ल	ब
ठ	र	इ	ट	र	◌	ठ	◌ा	ट	म	◌ा	ट	र	◌ा
म	ढ	ब	◌ै	◌ं	ग	न	इ	उ	घ	थ	आ	◌ो	द
अ	द	र	क	ढ	ण	प	न	◌ी	र	◌ी	द	ट	◌ा
अ	◌ं	ग	◌ू	र	म	उ	ष	ह	उ	च	ह	◌ी	म
घ	च	थ	ग	ञ	त	ह	घ	व	ध	क	◌ी	व	◌ी

हाथी चक
बादाम
अजवाइन
चावल
बैंगन
चेरी
चॉकलेट
सूरजमुखी
अंडा
अदरक
कीवी
सेब
रोटी
केला
चिकन
पनीर
टमाटर
गेहूँ
अंगूर
दही

88 - Castillos

घ	र	म	ऊ	द	ण	स	स	छ	श	ढ	ड	न	च
आ	छ	व	त	प	◌ी	थ	ञ	ट	इ	ऊ	आ	ध	ण
र	ग	◌ु	ल	◌े	ल	व	थ	उ	उ	ड	ठ	म	ऊ
छ	प	ट	व	ढ	च	ग	◌ा	म	ह	ल	ब	ट	प
श	ग	ए	◌ा	न	छ	म	छ	र	◌ा	ज	व	◌ं	श
◌ू	स	ख	र	च	ध	इ	ह	म	◌ी	न	◌ा	र	फ
र	◌ा	ज	क	◌ु	म	◌ा	र	◌ा	उ	स	क	व	च
व	म	घ	◌ो	ड	◌़	◌ा	ण	ञ	न	◌ा	ग	ठ	ह
◌ी	◌्र	अ	ज	ग	र	र	ल	ढ	ष	म	◌े	ऊ	इ
र	र	◌ा	ज	क	◌ु	म	◌ा	र	◌ी	◌ं	◌ं	न	ष
ठ	◌ा	च	भ	च	◌ि	ध	छ	ध	ठ	त	ड	ब	ञ
ट	ज	ए	इ	ठ	प	ल	उ	छ	ब	◌ी	◌ा	ढ	छ
ट	◌्र	फ	ल	छ	ब	ष	◌े	ख	व	प	ष	प	स
भ	य	त	◌ा	ज	ख	◌ा	ई	र	प	र	ढ	न	ड

कवच
शूरवीर
घोड़ा
गुलेल
ताज
राजवंश
अजगर
तलवार
सामंती
किले
खाई
साम्राज्य
महान
महल
दीवार
राजकुमारी
राजकुमार
मीनार
गेंडा

89 - Arte

स	र	ल	आ	अ	व	क	द	इ	प	च	म	फ	ठ
◌ि	त	ढ	र	त	◌्	व	भ	ध	ख	◌ि	न	व	अ
र	प	द	द	◌ि	य	◌ि	श	आ	ण	त	◌ो	भ	भ
◌े	च	ग	थ	य	क	त	र	ड	ठ	◌्	द	ए	◌ि
म	ई	न	ख	थ	◌्	◌ा	ण	ञ	प	र	श	ठ	व
◌ि	म	ट	◌ा	◌ा	त	ब	ञ	र	◌्	◌ि	◌ा	श	◌्
क	◌ा	ञ	ब	र	◌ि	न	प	◌्	र	त	◌ी	क	य
उ	न	ख	य	◌्	ग	स	घ	त	◌े	म	च	घ	क
च	द	फ	ग	थ	त	ब	छ	म	र	ञ	◌ू	श	◌्
भ	◌ा	ब	इ	व	श	न	फ	व	◌ि	ष	य	ल	त
द	र	ढ	य	◌ा	म	◌ा	ढ	ट	त	ब	आ	ख	◌ि
थ	त	द	ग	द	ड	न	द	◌ृ	श	◌्	य	थ	ट
य	प	त	ड	ठ	ग	◌ा	स	थ	ष	फ	फ	ट	र
म	◌ू	र	◌्	त	◌ि	क	ल	◌ा	ज	ट	◌ि	ल	र

सिरेमिक
जटिल
रचना
बनाना
मूर्तिकला
अभिव्यक्ति
ईमानदार
मनोदशा
प्रेरित
मूल
व्यक्तिगत
कविता
चित्रित
सरल
प्रतीक
अतियथार्थवाद
विषय
दृश्य

90 - Herboristería

ल	◌ै	व	◌े	◌ं	ड	र	भ	ण	भ	इ	घ	ब	य
ह	र	◌ा	च	भ	ख	ठ	ठ	त	क	◌ु	ठ	र	◌ा
स	◌ौ	◌ं	फ	प	प	म	स	न	ढ	ण	च	ह	क
◌ु	र	उ	◌ू	र	र	◌ौ	य	न	द	ट	च	स	◌े
न	न	ऊ	ल	ए	इ	म	ध	ए	ढ	श	आ	च	स
इ	ख	ग	घ	द	◌ौ	न	◌ी	◌ा	ट	ग	म	त	र
श	छ	श	न	फ	ब	ग	◌ी	च	◌ा	आ	स	व	ढ
द	छ	घ	ट	क	प	◌ु	द	◌ी	न	◌ा	म	त	थ
ऊ	ह	भ	स	ए	◌ा	ण	ध	इ	ग	ष	फ	◌ा	ट
द	र	ञ	घ	इ	क	व	इ	त	ट	घ	य	र	ए
ब	◌ि	ऊ	भ	ट	ग	त	य	श	◌ु	त	ल	ग	म
ड	थ	ल	श	प	स	◌्	व	◌ा	द	ल	ष	◌ो	थ
अ	ज	म	◌ो	द	न	त	र	य	थ	आ	स	न	त
ख	◌ु	श	ब	◌ू	द	◌ा	र	आ	ठ	त	त	◌ी	आ

लहसुन
तुलसी
खुशबूदार
केसर
गुणवत्ता
पाक
दिल
तारगोन
फूल
सौंफ

घटक
बगीचा
लैवेंडर
कुठरा
पुदीना
अजमोद
पौधा
दौनी
स्वाद
हरा

91 - Verano

य	ह	ट	ल	ए	व	ड	व	ढ	प	प	छ	फ	ए
ऊ	◌ा	ण	इ	व	फ	स	◌ि	ध	ठ	◌ु	र	ञ	र
र	प	द	थ	व	आ	ग	श	स	ण	स	भ	ट	न
द	य	ण	◌े	म	भ	न	◌्	ल	य	◌्	त	ध	स
य	ध	ए	त	◌ं	◌ो	ड	र	न	इ	त	न	ढ	म
स	◌ं	ग	◌ी	त	ज	श	◌ा	अ	व	क	◌ा	श	◌ु
◌ै	म	ह	ऊ	छ	न	भ	म	इ	ख	◌े	ल	य	द
◌ं	र	◌ु	स	◌ि	त	◌ा	र	◌े	व	◌ं	घ	त	◌्
ड	य	ञ	द	◌ो	स	◌्	त	◌ो	◌ं	◌ि	ह	घ	र
ल	◌ा	ढ	उ	◌्	ह	स	ष	आ	उ	म	◌ं	ब	त
ट	त	ट	ड	◌े	र	◌ा	ड	◌ा	ल	न	◌ा	ग	ट
म	◌्	छ	ए	ख	◌्	प	र	◌ि	व	◌ा	र	◌ी	ड
थ	र	ष	त	छ	ष	छ	◌ु	ट	◌्	ट	◌ी	च	घ
घ	◌ा	थ	ण	ग	छ	म	प	भ	इ	ञ	ढ	◌ा	ख

हर्ष
दोस्तों
डाइविंग
डेरा डालना
भोजन
सितारे
परिवार
घर
बगीचा
खेल
पुस्तकें
समुद्र
संगीत
अवकाश
समुद्र तट
यादें
विश्राम
सैंडल
छुट्टी
यात्रा

92 - Insectos

म	ध	◌ु	म	क	◌्	ख	◌ी	त	त	◌ै	य	◌ा	स
त	◌ि	ल	च	ट	◌्	ट	◌ा	◌ि	म	स	स	आ	◌ि
ड	ध	भ	क	◌ी	ड	◌़	◌ा	त	ल	ध	आ	च	क
ध	◌्	श	◌ी	घ	◌ं	भ	य	ल	◌ा	र	◌्	व	◌ा
ट	भ	र	ट	ग	ठ	ट	◌ि	◌ी	ठ	फ	ध	ख	ड
ह	ष	थ	◌ै	ञ	ख	द	◌ी	◌ं	ठ	ह	ह	स	◌ा
इ	म	ध	छ	ग	ह	ब	भ	भ	ड	म	म	ऊ	र
च	द	◌ी	म	क	न	छ	ठ	ए	उ	◌ी	ल	ब	च
च	ञ	य	भ	ध	ए	फ	◌ि	ड	थ	उ	ट	ड	प
स	च	व	उ	छ	ढ	फ	◌्	म	थ	च	◌ि	द	व
व	म	घ	द	य	द	ख	ड	ल	द	भ	ड	भ	स
त	म	छ	इ	ठ	ट	ट	स	ष	◌ा	इ	◌्	◌ृ	छ
प	◌ि	स	◌्	स	◌ू	आ	ग	थ	छ	ई	ड	◌ं	घ
म	च	◌्	छ	र	भ	म	ढ	भ	ए	ऊ	◌ी	ग	ल

मधुमक्खी
ततैया
एफिड
सिकाडा
तिलचट्टा
भृंग
कीड़ा
चींटी
लार्वा
ड्रैगनफ्लाइ
तितली
भिंडी
मच्छर
कीट
पिस्सू
टिड्डी
दीमक

93 - Especias

ढ	व	ष	घ	ड	द	ह	क	ड	◌़	व	◌ा	त	य
ड	य	ए	ण	ख	ट	◌्	ट	◌ा	न	र	म	इ	स
ल	◌ौ	◌ं	ग	ध	ढ	इ	च	ण	इ	ञ	र	ष	आ
ग	श	ष	भ	ड	भ	ञ	म	फ	ल	त	अ	ह	घ
ल	ह	स	◌ु	न	द	◌्	य	प	◌ा	न	द	न	ध
न	ट	आ	◌ौ	ढ	श	उ	ब	फ	य	ग	र	म	त
ड	आ	ष	व	◌ं	ञ	प	ट	ष	च	इ	क	क	प
क	◌े	स	र	थ	फ	द	उ	ढ	◌ी	ज	श	म	च
प	◌्	य	◌ा	ज	ध	भ	ऊ	फ	म	◌ा	◌ी	◌ि	न
स	ड	घ	ञ	छ	व	प	ध	न	◌ि	य	◌ा	र	स
र	◌्	स	ख	म	न	त	ञ	म	ठ	फ	आ	◌्	◌ा
ल	प	व	क	र	◌ी	ष	ञ	थ	◌ा	ल	म	च	म
ठ	ख	न	◌ा	इ	ल	फ	ऊ	ट	ई	व	आ	इ	ढ
छ	भ	ग	ण	द	◌ा	ल	च	◌ी	न	◌ी	ण	ढ	आ

खट्टा
लहसुन
कड़वा
केसर
दालचीनी
इलायची
प्याज
धनिया
लौंग
जीरा
करी
मिठाई
सौंफ
अदरक
जायफल
मिर्च
नद्यपान
स्वाद
नमक
वनीला

94 - Emociones

य	उ	ए	ठ	थ	ग	व	म	इ	ण	ब	थ	ग	थ
श	द	ण	य	ण	छ	ऊ	आ	व	ल	घ	आ	ड	ठ
ा	ा	त	ल	ड	ह	ध	ड	ए	भ	द	स	र	स
ं	स	ं	ठ	म	ए	क	ड	इ	स	श	ह	ा	ए
त	ी	म	त	श	र	्	म	ि	ं	द	ा	ह	प
ि	य	घ	ठ	ह	इ	र	ट	फ	त	य	न	त	र
ष	ठ	इ	इ	ग	ष	ो	फ	श	ु	ा	ु	ग	म
ठ	भ	ऊ	ष	फ	ढ	ध	ह	व	ष	ल	भ	ब	ा
आ	श	्	च	र	्	य	ह	च	्	ु	ू	क	न
आ	ए	ड	घ	म	म	च	ड	र	ट	त	त	ो	ं
ए	भ	ख	ण	ञ	द	द	भ	ऊ	्	ा	ि	म	द
प	च	ा	च	ध	प	्	य	ा	र	ष	द	ल	ए
म	ए	ए	र	च	थ	य	ल	इ	ष	म	ण	त	त
ख	य	ख	ए	ी	ब	ो	र	ि	य	त	फ	ा	छ

बोरियत
आभारी
हर्ष
राहत
प्यार
शर्मिंदा
परमानंद
दयालुता
शांत
क्रोध
डर
शांति
संतुष्ट
सहानुभूति
आश्चर्य
कोमलता
उदासी

95 - Mediciones

इ	ण	ट	ग	क	स	उ	न	ब	म	घ	ग	ए	छ
फ	छ	न	◌्	◌ि	स	◌े	इ	◌ा	◌ि	फ	ह	म	व
ल	◌ी	ट	र	ल	ल	ट	◌ं	इ	न	थ	र	ड	घ
छ	ल	ल	◌ा	◌ो	ब	त	च	ट	ट	द	◌ा	छ	ड
इ	त	न	म	म	फ	ञ	औ	ञ	◌ी	श	ई	ध	छ
ण	र	त	◌ी	◌ी	व	छ	ह	◌ं	आ	म	ञ	द	ध
म	ठ	घ	ट	ट	ग	ट	ग	य	स	ल	◌ी	स	ख
आ	द	न	र	र	न	ष	ड	ट	व	व	र	ट	थ
ल	◌ं	ब	◌ा	ई	न	ञ	छ	◌ि	इ	ज	ख	ठ	र
च	◌ौ	ड	◌़	◌ा	ई	म	◌ा	स	ग	न	म	त	म
क	◌ि	ल	◌ो	ग	◌्	र	◌ा	म	भ	◌्	उ	म	घ
आ	य	त	न	ल	स	प	ष	फ	ट	स	र	उ	ल
ल	श	ह	द	ए	फ	ऊ	ट	ण	श	प	उ	◌ी	ष
ह	इ	आ	य	ऊ	◌ं	च	◌ा	ई	ञ	उ	च	उ	फ

ऊंचाई
चौड़ाई
बाइट
सेंटीमीटर
दशमलव
डिग्री
ग्राम
किलोग्राम
किलोमीटर
लीटर
लंबाई
मास
मीटर
मिनट
औंस
वजन
गहराई
इंच
टन
आयतन

96 - Barcos

ल	ध	र	ट	ठ	म	स	◌्	त	◌ू	ल	ड	ध	उ
आ	ह	ब	ड	ड	य	म	न	ध	ट	ट	◌ो	र	द
य	फ	र	ए	फ	फ	ध	ए	न	ध	य	◌ं	फ	ध
ह	फ	ट	◌े	ब	◌ो	य	◌ा	ए	ष	य	ग	ञ	ह
च	र	स	ग	◌ं	ष	प	इ	त	ऊ	र	◌ी	ड	छ
उ	म	म	र	ड	प	इ	◌ं	ज	न	◌ौ	क	◌ा	ठ
द	आ	◌ु	न	ए	थ	ढ	न	थ	ब	◌े	ड	◌़	◌ा
त	आ	द	घ	झ	ऊ	ट	प	ए	ट	ढ	म	न	फ
क	श	◌्	त	◌ी	◌ी	र	ल	ठ	न	त	ज	ऊ	व
◌्	ऊ	र	ऊ	स	◌े	ल	ब	◌ो	ट	◌ा	◌्	ठ	घ
र	य	◌ी	ख	ऊ	त	◌ं	च	ण	ण	आ	व	प	ह
◌ू	स	◌ा	ग	र	ण	ग	ठ	श	ध	न	◌ा	◌ि	ञ
घ	स	म	◌ु	द	◌्	र	स	◌्	स	◌ी	र	ण	क
न	द	◌ी	द	य	ढ	ठ	ए	भ	इ	ट	उ	र	ऊ

लंगर
बेड़ा
बोया
डोंगी
रस्सी
कश्ती
झील
समुद्र
ज्वार
नाविक
मस्तूल
इंजन
समुद्री
सागर
लहरें
नदी
क्रू
सेलबोट
नौका

97 - Antártida

ञ	द	◌्	व	◌ी	प	स	म	◌ू	ह	◌ि	म	न	द
च	ञ	ख	छ	थ	र	द	प	भ	व	ट	ढ	ह	त
ब	न	आ	प	◌्	र	व	◌ा	स	◌ू	ए	घ	ग	◌ा
प	◌े	◌ं	ग	◌ु	इ	न	न	प	स	ग	ख	य	प
ण	ऊ	ब	र	◌्	फ	थ	◌ी	क	◌ं	ञ	◌ो	ट	म
ठ	छ	न	य	ए	अ	ब	आ	◌्	र	श	म	ल	◌ा
श	ह	उ	ठ	ष	भ	आ	स	ष	क	भ	ह	प	न
ए	◌ो	ञ	ख	न	◌ि	ज	थ	◌ी	◌्	न	◌ा	थ	ण
न	न	ध	ख	य	य	इ	घ	भ	ष	ण	द	र	व
र	ऊ	ध	क	ब	◌ा	द	ल	म	ण	इ	◌्	◌ी	आ
ञ	स	ण	फ	र	न	आ	उ	ट	ग	ब	व	ल	ष
र	च	व	◌ै	ज	◌्	ञ	◌ा	न	◌ि	क	◌ी	◌ा	प
स	ब	भ	त	इ	ल	त	व	स	ऊ	भ	प	इ	ध
स	घ	च	य	प	◌्	र	◌ा	य	द	◌्	व	◌ी	प

पानी
बे
वैज्ञानिक
संरक्षण
महाद्वीप
अभियान
भूगोल
हिमनद
बर्फ
शोधकर्ता

द्वीप समूह
प्रवास
खनिज
बादल
पक्षी
प्रायद्वीप
पेंगुइन
पथरीला
तापमान

98 - Piratas

ब	फ	झ	ल	प	स	ख	फ	ग	ख	ट	ढ	ग	श
न	आ	ख	◌ं	त	◌ो	ज	क	◌ु	म	ट	र	न	ह
छ	ठ	ए	ग	ड	न	◌ा	प	फ	उ	घ	इ	त	ठ
स	द	ञ	र	ञ	◌ा	न	◌्	◌ा	ध	ए	ड	ल	ञ
ग	थ	छ	र	ख	स	◌ा	त	ब	◌ु	र	◌ा	व	छ
ब	फ	श	म	छ	ह	ट	◌ा	ण	न	ख	ऊ	◌ा	श
स	स	◌ा	ह	स	◌ि	क	न	◌ि	श	◌ा	न	र	ढ
ब	ष	इ	ष	उ	स	इ	ण	भ	ढ	ग	क	न	म
द	ख	ख	स	म	◌ु	द	◌्	र	त	ट	◌्	ग	प
◌ं	ठ	इ	द	◌ि	क	◌्	स	◌ू	च	क	श	ह	ध
त	ए	म	आ	ट	क	◌्	र	◌ू	ट	ख	◌ा	य	ध
क	ख	व	ग	स	छ	◌्	म	स	च	श	त	र	इ
थ	भ	द	◌्	व	◌ी	प	क	ञ	स	इ	ऊ	र	ट
◌ा	ल	च	घ	त	◌ो	त	◌ा	◌े	ट	ल	व	ध	◌ा

लंगर
साहसिक
झंडा
दिक्सूचक
कप्तान
निशान
गुफा
तलवार
द्वीप
दंतकथा
तोता
बुरा
नक्शा
सिक्के
सोना
खतरा
समुद्र तट
रम
खजाना
क्रू

99 - Mamíferos

च	ड	त	य	भ	◌े	ड	◌़	व	त	ध	र	र	च
ग	◌ॉ	ष	उ	◌े	उ	ट	ष	म	ग	ग	ए	ष	घ
ड	ल	म	भ	ड	ढ	स	भ	श	ठ	ध	ख	क	ए
ढ	◌्	ल	ख	◌़	ब	घ	◌ो	ड	◌़	◌ा	ब	◌ु	ल
व	फ	ल	भ	◌ि	स	क	◌ं	ग	◌ा	र	◌ू	त	व
ण	◌ि	ढ	◌ा	य	ब	◌ि	ल	◌्	ल	◌ी	द	◌्	◌्
ज	न	न	ल	◌ा	◌ं	आ	ए	ठ	ञ	ह	इ	त	ह
क	◌ि	ख	◌ू	श	द	स	ह	त	ऊ	ध	◌ा	◌ा	◌े
◌ो	ल	र	ह	स	र	ज	◌़	◌े	ब	र	◌ा	थ	ल
य	◌ो	ग	◌ा	ग	◌ो	र	◌ि	ल	◌्	ल	◌ा	व	◌ी
◌ो	म	◌ो	ञ	फ	न	ष	य	न	ण	ट	इ	श	य
ट	ड	श	ह	च	◌़	न	न	फ	ढ	न	ट	न	ढ
द	◌़	प	ऊ	स	ऊ	◌ँ	ट	ञ	ख	इ	श	छ	ऊ
ह	◌ी	स	भ	छ	ध	ऊ	थ	य	य	उ	ए	थ	फ

व्हेल
गधा
घोड़ा
ऊँट
कंगारू
ज़ेबरा
खरगोश
कोयोट
डॉल्फिन
हाथी
बिल्ली
गोरिल्ला
जिराफ़
भेड़िया
बंदर
भालू
भेड़
कुत्ता
बुल
लोमड़ी

100 - Abejas

ख	र	आ	उ	न	म	ध	च	ड	छ	फ	प	ब	आ
ि	ा	भ	स	ब	द	ो	त	फ	त	फ	ं	ग	व
ल	न	ब	ध	भ	इ	र	म	ल	्	ल	ख	ी	उ
न	ी	व	ए	व	ि	व	ि	ध	त	ा	ञ	च	ह
ा	प	ौ	ध	े	ञ	ट	च	थ	ा	थ	ट	ा	द
ग	र	र	ध	न	ब	र	ढ	र	ह	आ	ध	ध	झ
आ	ा	भ	ा	ु	ऊ	फ	भ	घ	छ	ब	ऊ	ग	ु
ल	ग	ठ	ठ	ग	आ	ल	ा	भ	क	ा	र	ी	ं
ढ	ट	ध	इ	ड	ण	ॅ	म	ा	श	ह	द	श	ड
ए	ण	ल	ञ	ग	प	क	फ	ज	श	ब	ढ	र	ह
व	ढ	ब	ध	त	ञ	ो	ल	न	ख	फ	भ	छ	ए
ट	श	र	प	घ	ठ	ट	द	ब	स	ू	र	्	य
य	श	ष	ल	भ	ढ	ञ	ह	छ	च	ल	ध	ञ	श
ठ	ढ	ण	च	ड	ल	व	उ	ऊ	भ	ह	द	घ	थ

पंख
लाभकारी
मोम
छत्ता
भोजन
विविधता
झुंड
खिलना
फूल
फल

धुऑ
कीट
बगीचा
शहद
पौधे
पराग
परागणक
रानी
सूर्य

1 - Ajedrez

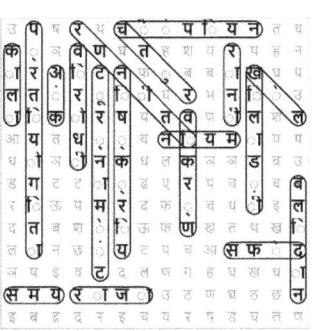

2 - Agua

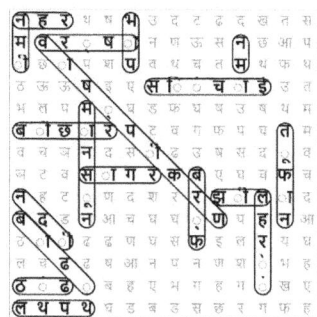

3 - Granja #2

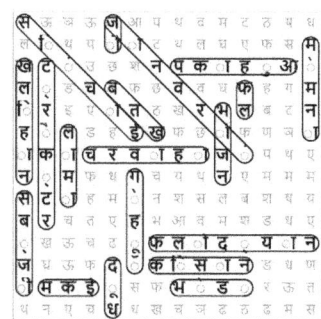

4 - Mueble

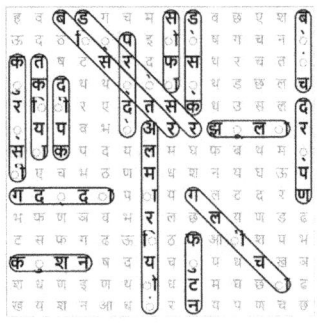

5 - Pesca

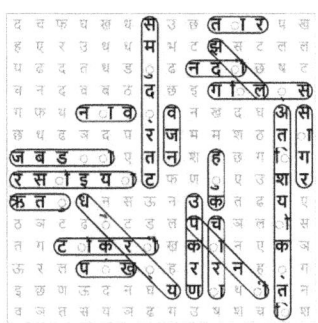

6 - Aviones

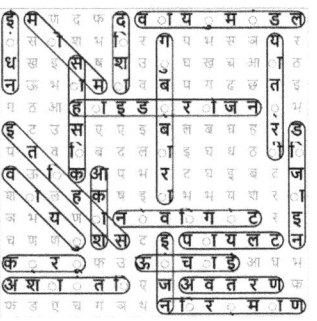

7 - Tipos de Cabello

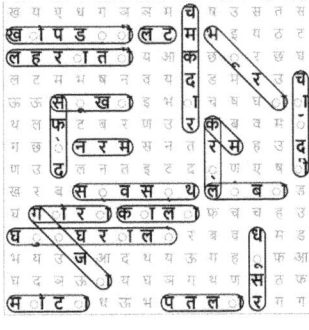

8 - Herramientas de Cocina

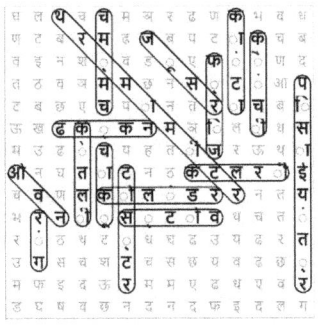

9 - Ciencia Ficción

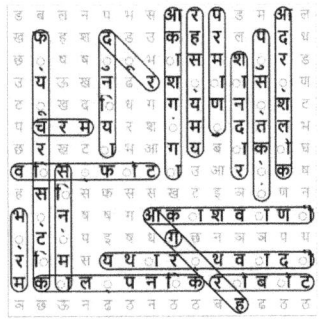

10 - Juguetes

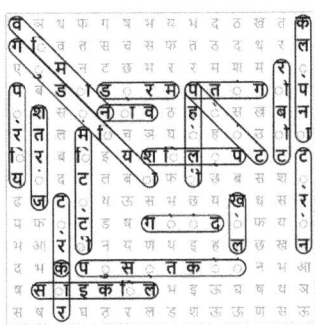

11 - Circo

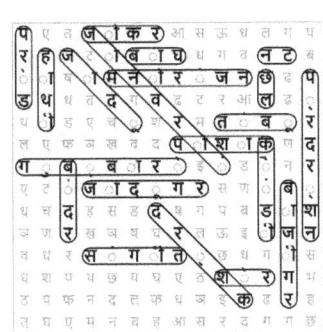

12 - Rellenar

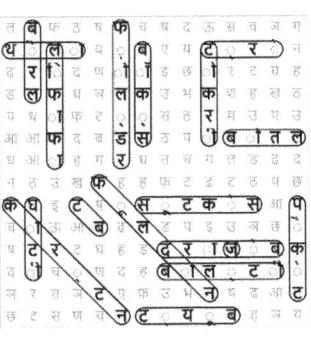

13 - Granja #1

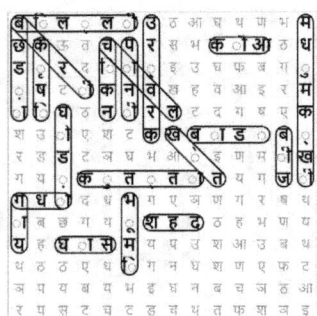

14 - Camping

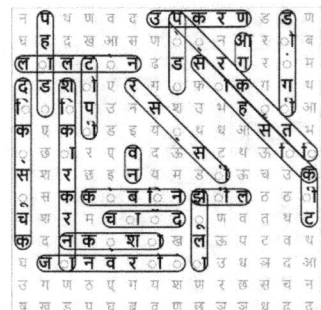

15 - Fruta

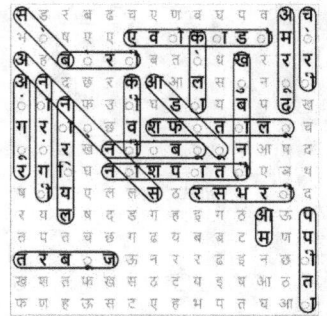

16 - Geología

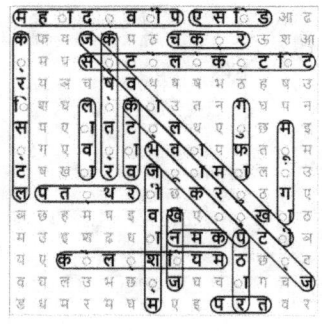

17 - Plantas

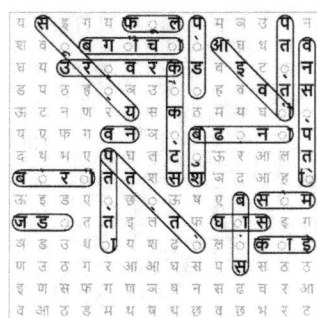

18 - Suministros de Arte

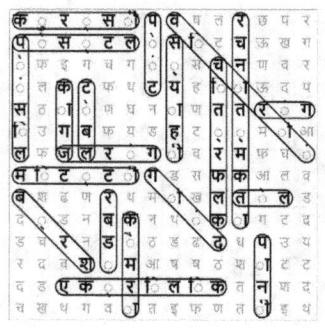

19 - Jardín

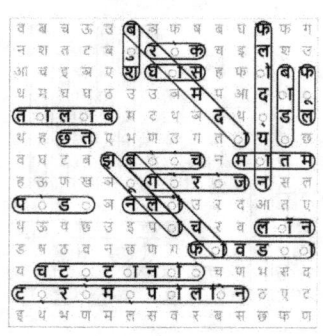

20 - Países #2

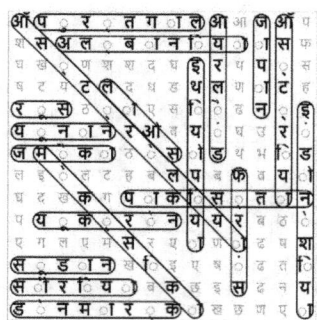

21 - Tecnología

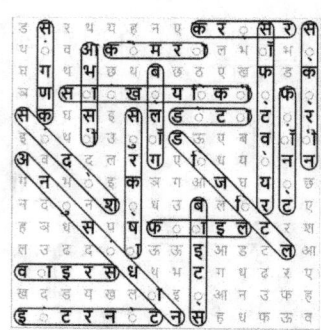

22 - Números

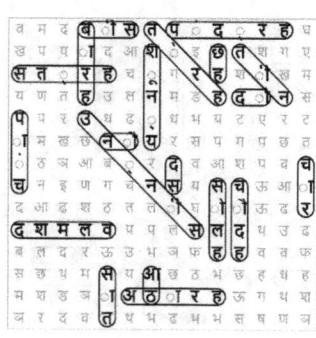

23 - Mitología

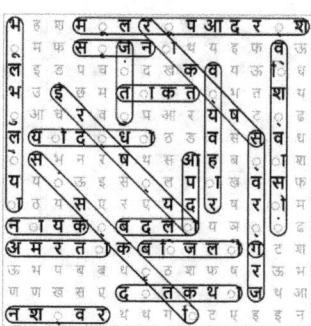

24 - Ecología

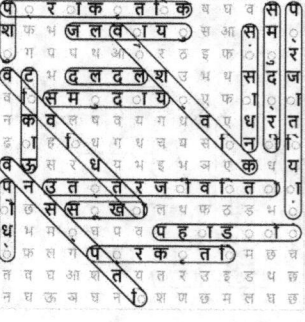

25 - Casa

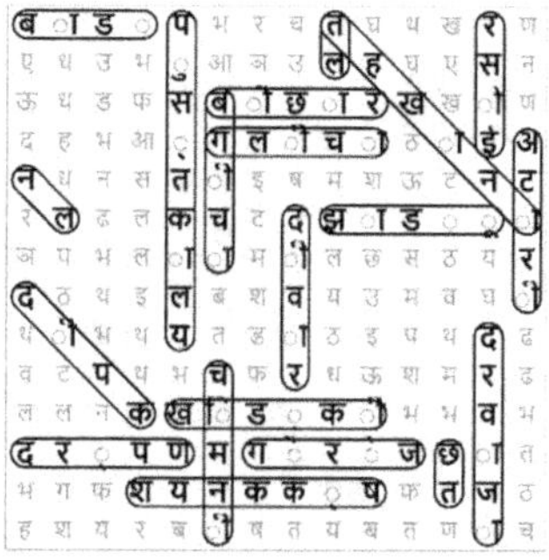

26 - Artes Visuales

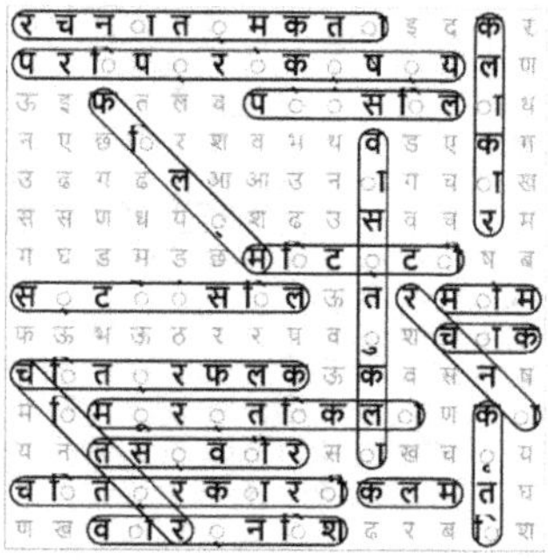

27 - Escuela #2

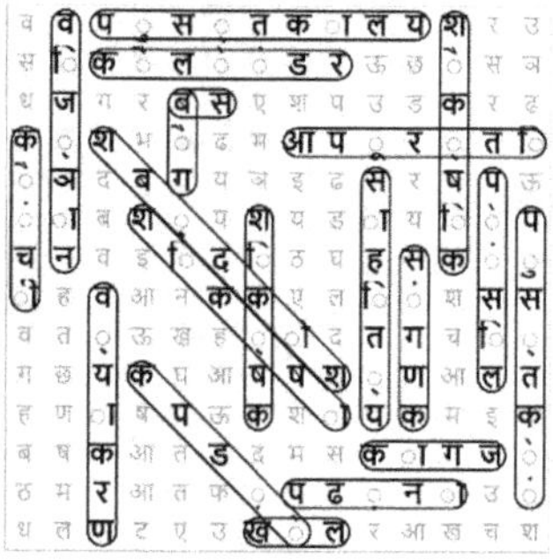

28 - Selva Tropical

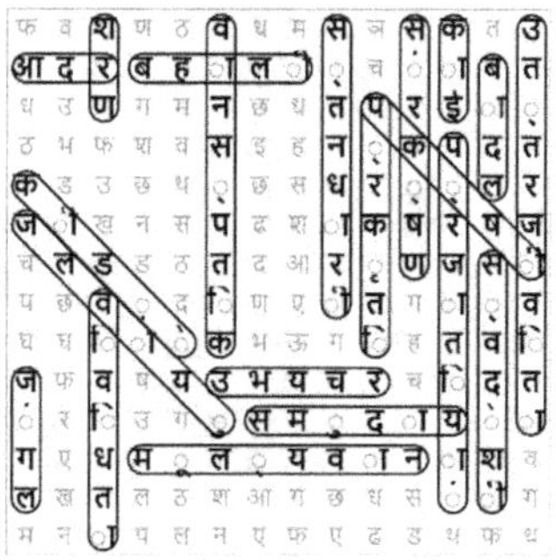

29 - Adjetivos #1

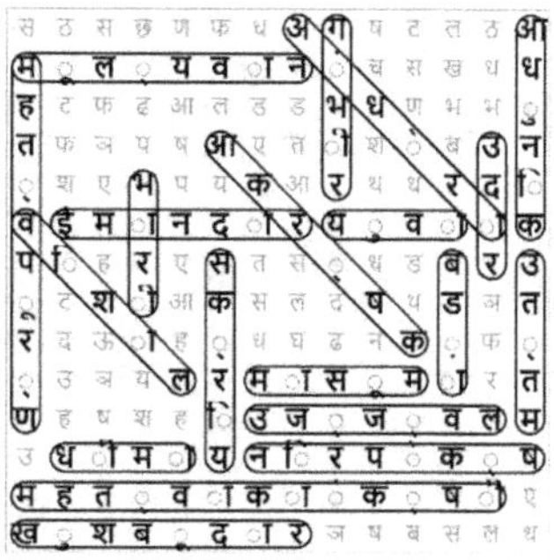

30 - Familia

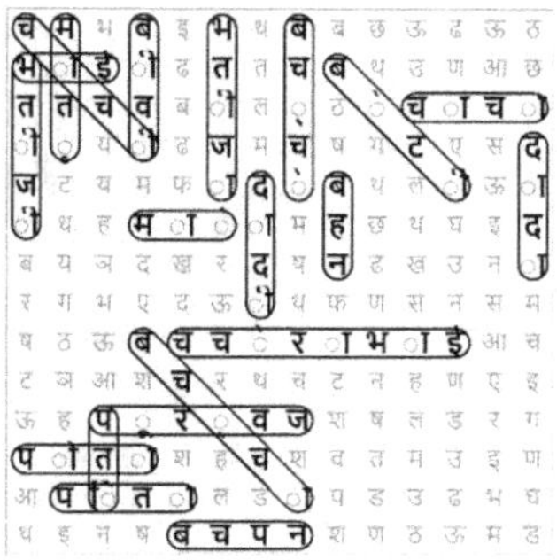

31 - Disciplinas Científicas

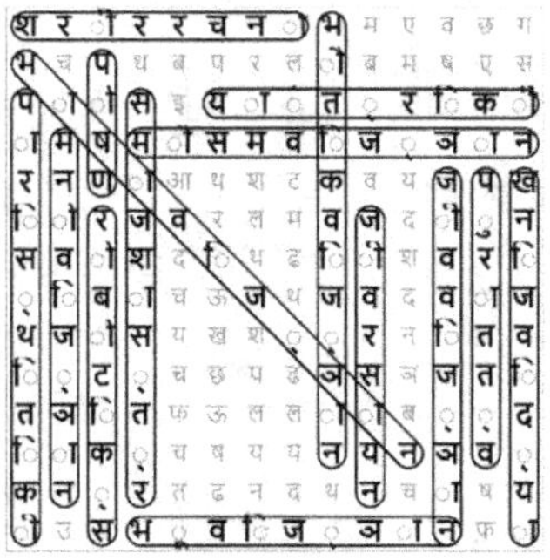

32 - Gatos

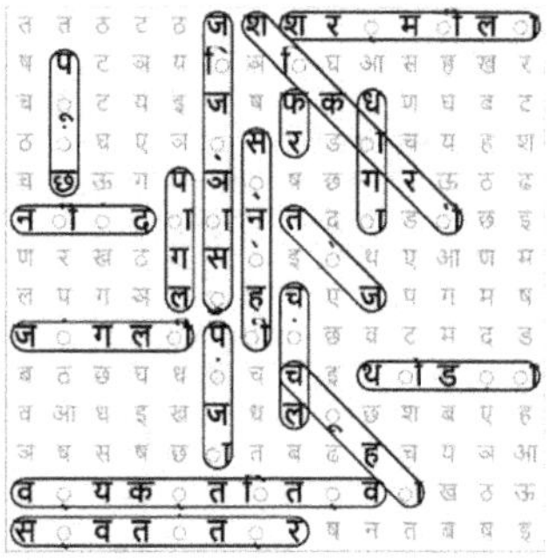

33 - Cocina

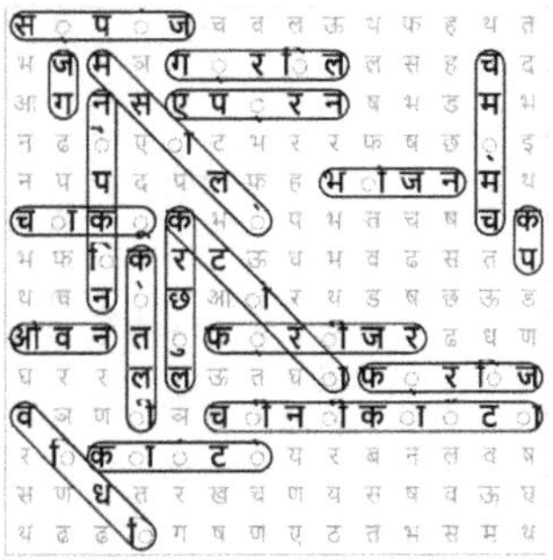

34 - Escuela #1

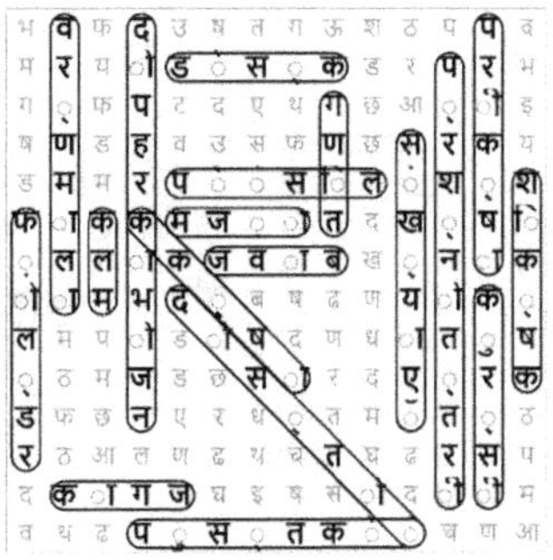

35 - Adjetivos #2

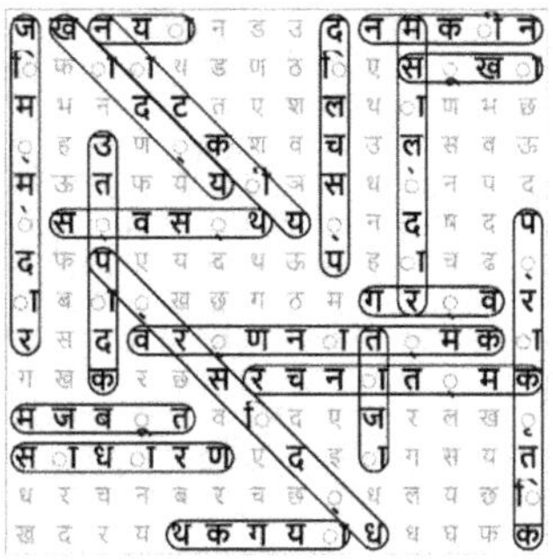

36 - Cuerpo Humano

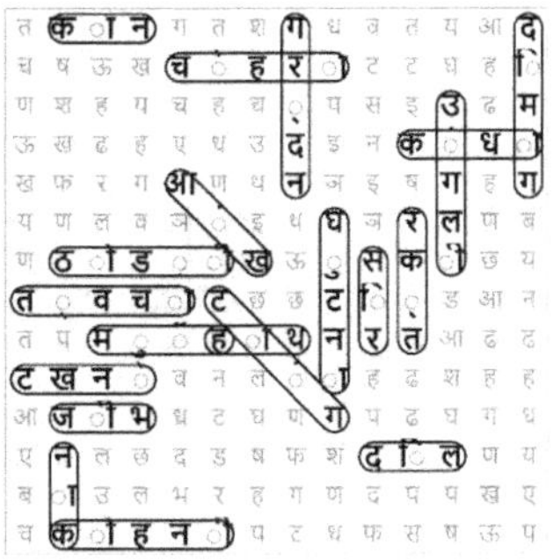

37 - Ciencia

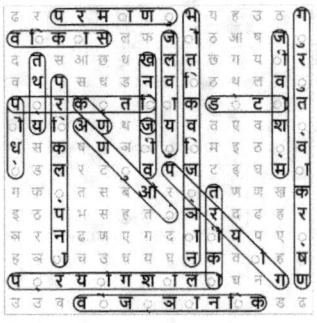

38 - Dinosaurios

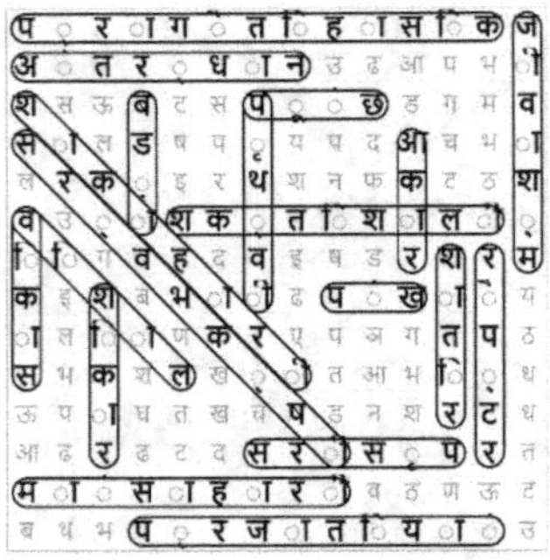

39 - Restaurante #2

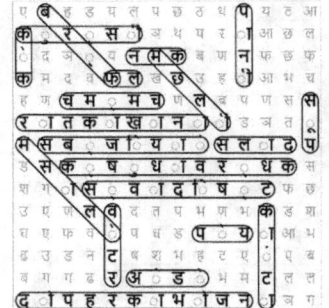

40 - Profesiones #1

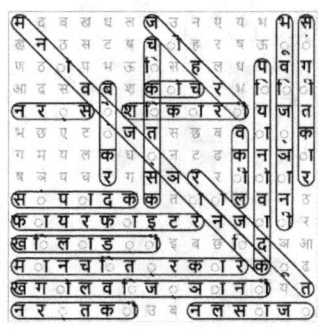

41 - Vehículos

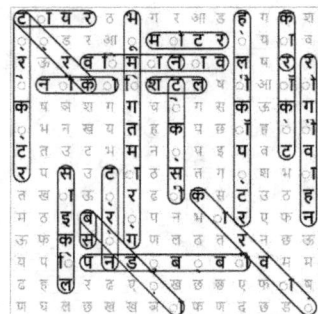

42 - Vacaciones #2

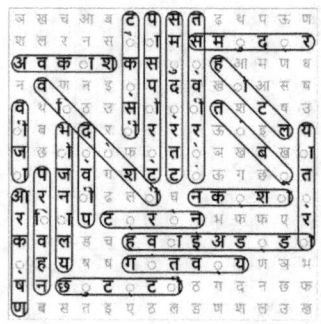

43 - Cumpleaños

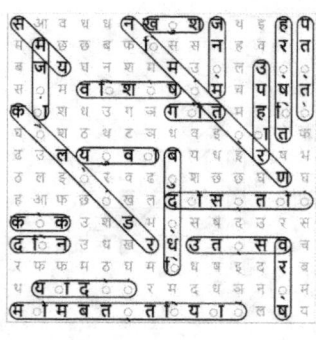

44 - Baile

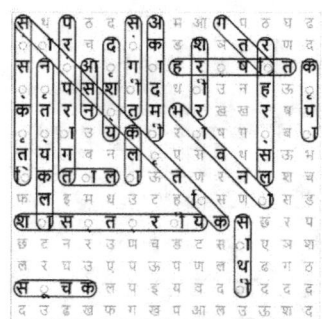

45 - Matemáticas

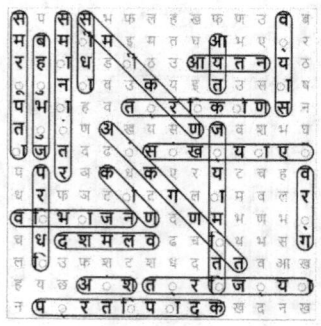

46 - Restaurante #1

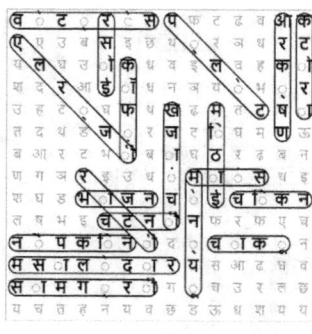

47 - Profesiones #2

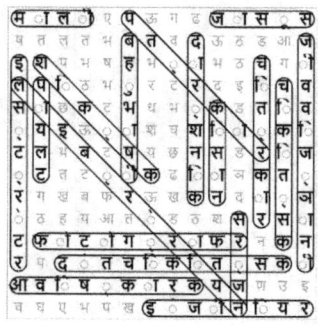

48 - Senderismo

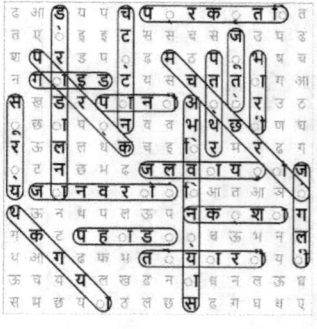

49 - Naturaleza

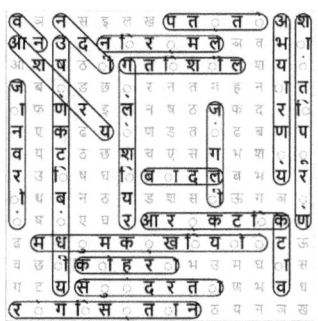

50 - Conduciendo

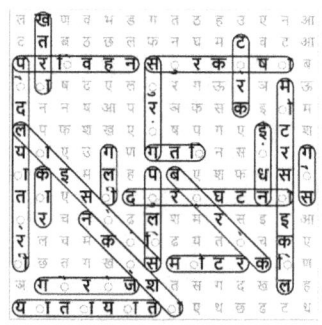

51 - Ballet

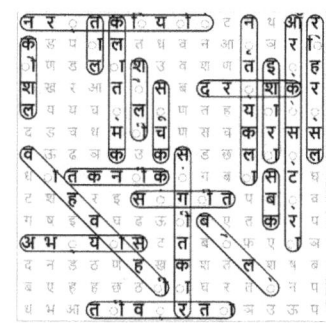

52 - Aventura

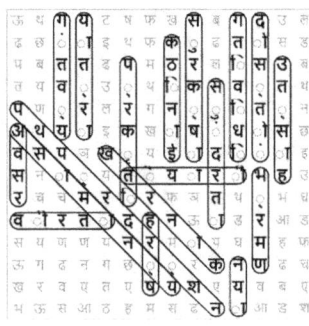

53 - Pájaros

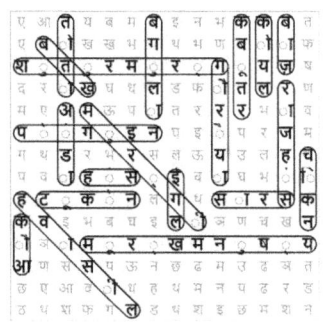

54 - Playa

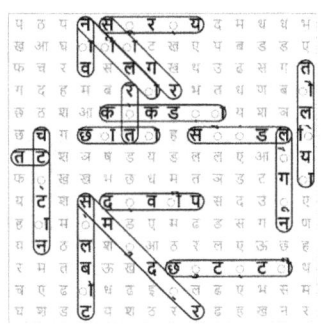

55 - Surf

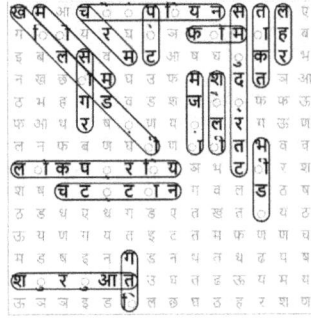

56 - Geografía

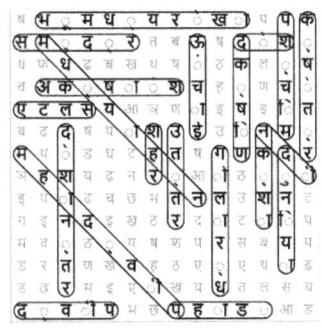

57 - Deportes

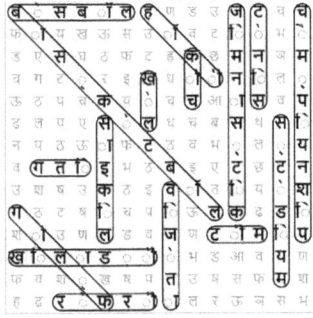

58 - Actividades

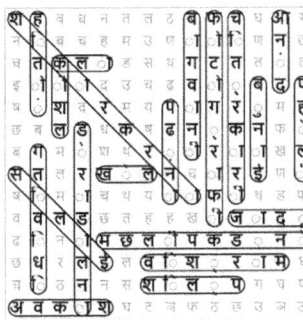

59 - Verduras

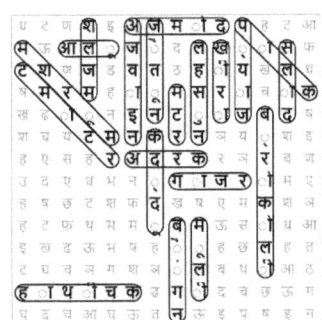

60 - Escalada

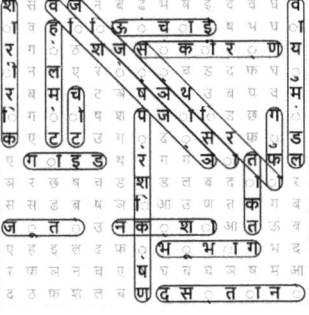

61 - Mascotas

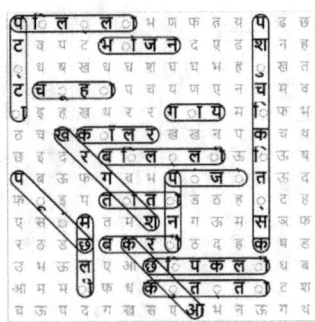

62 - Formas

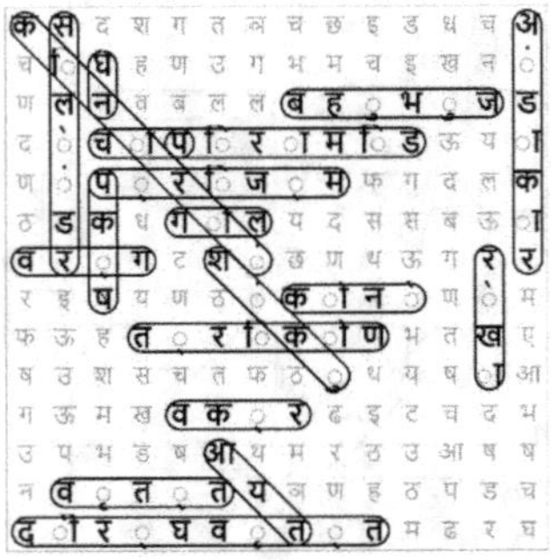

63 - Flores

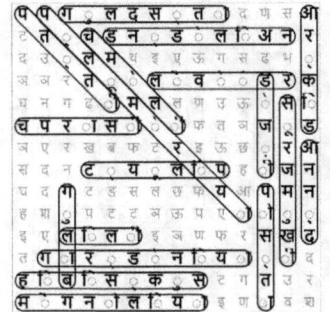

64 - Astronomía

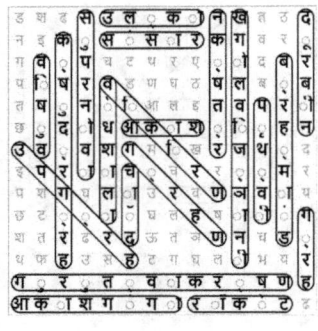

65 - Tiempo

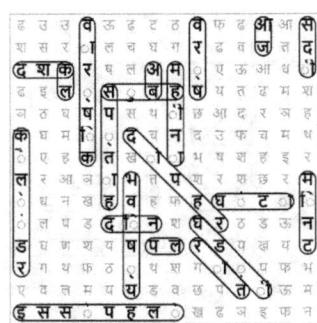

66 - Paisajes

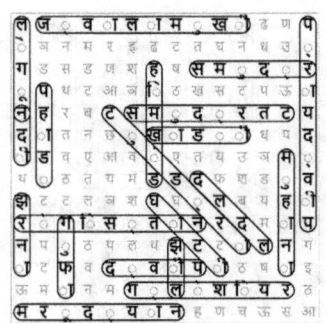

67 - Días y Meses

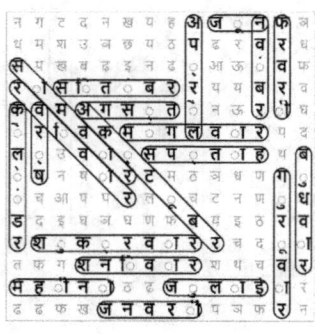

68 - Chocolate

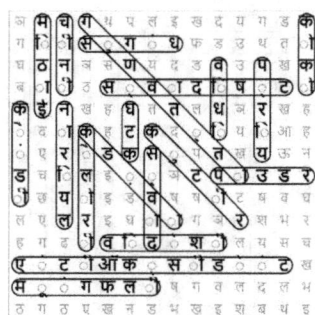

69 - Barbacoas

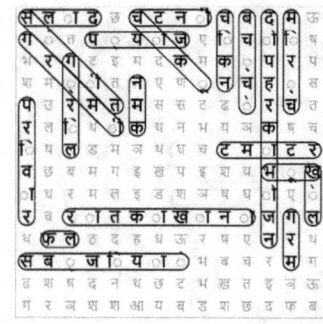

70 - Ropa

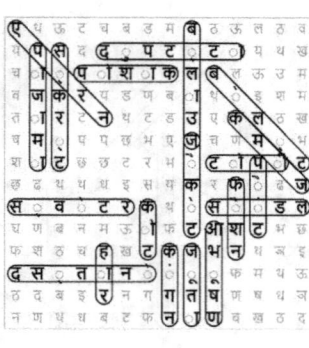

71 - Meditación

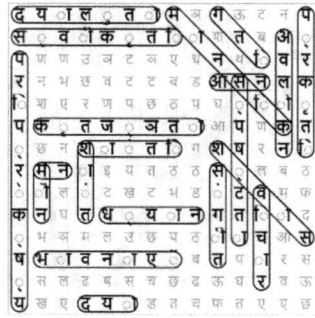

72 - Comedia

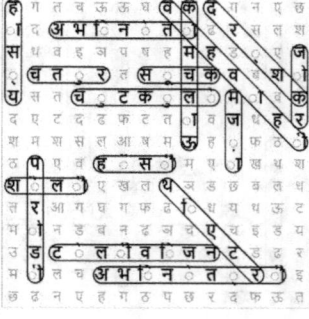

73 - Libros

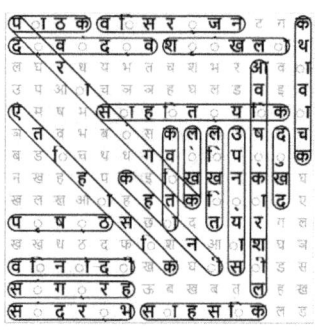

74 - Nutrición

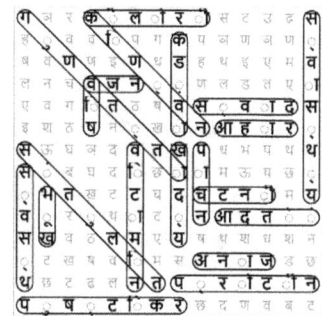

75 - Bondad

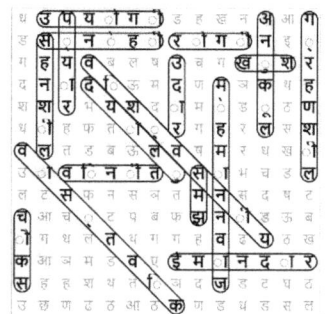

76 - Edificios

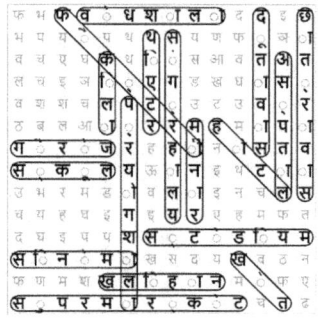

77 - Océano

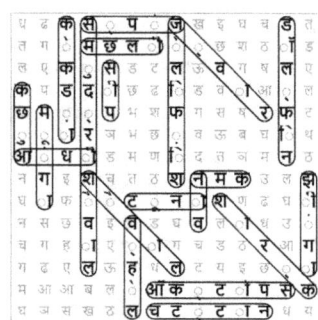

78 - Ciudad

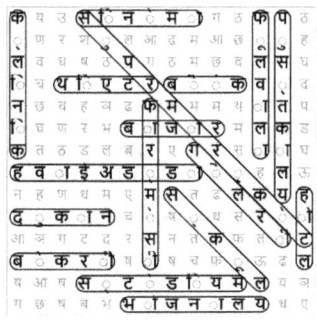

79 - Exploración

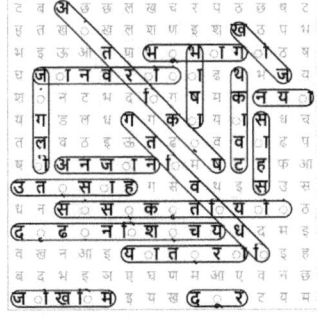

80 - Campeonato

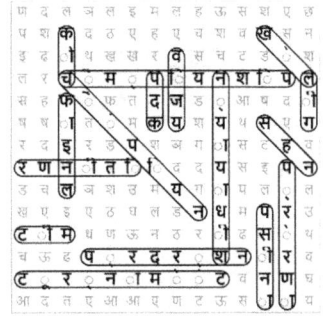

81 - Actividades y Ocio

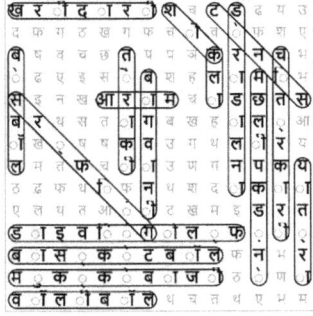

82 - Comida #1

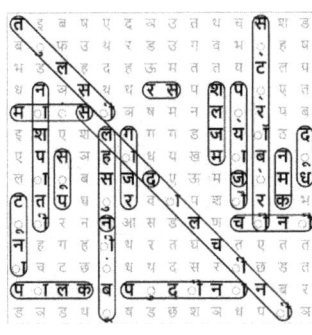

83 - Virtudes #1

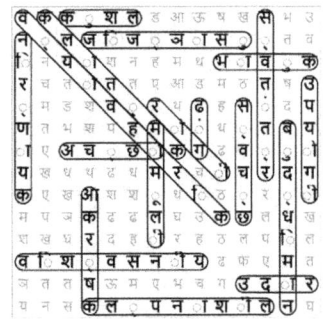

84 - Literatura

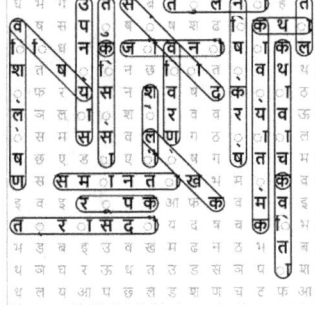

85 - Baño

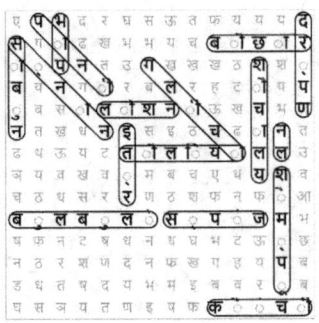

86 - Clima

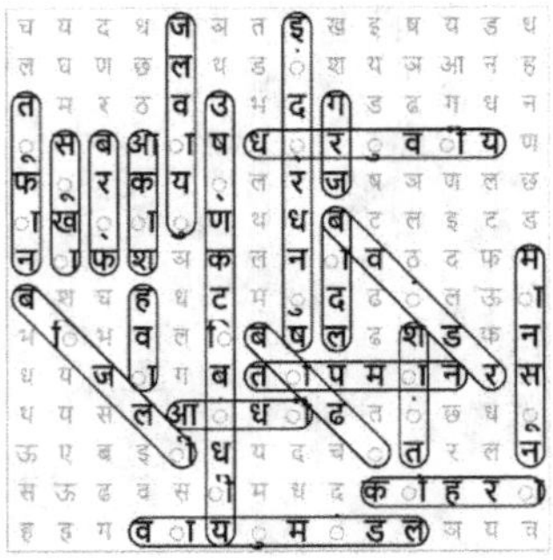

87 - Comida #2

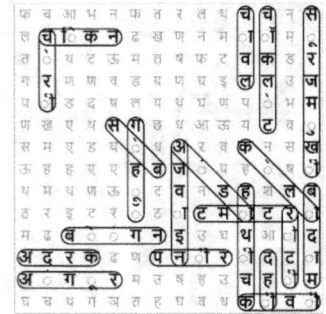

88 - Castillos

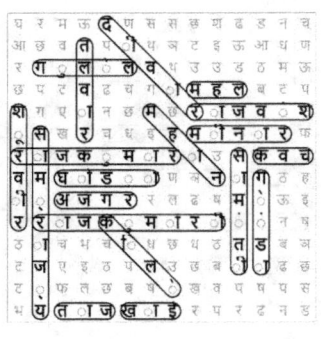

89 - Arte

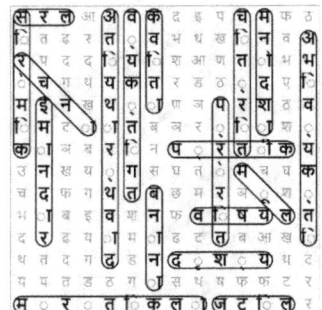

90 - Herboristería

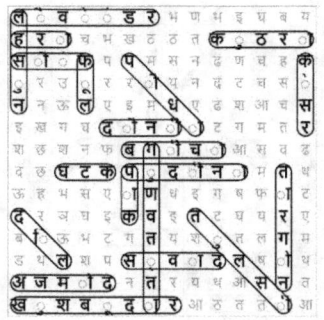

91 - Verano

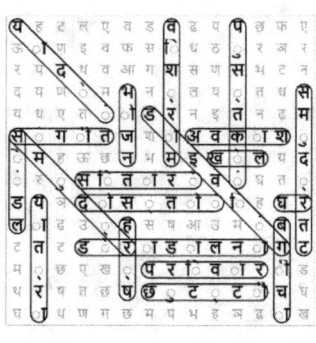

92 - Insectos

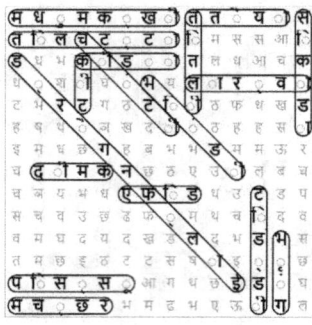

93 - Especias

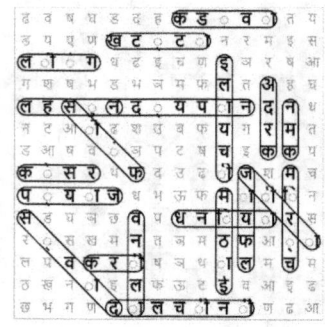

94 - Emociones

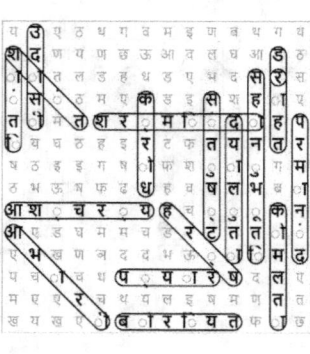

95 - Mediciones

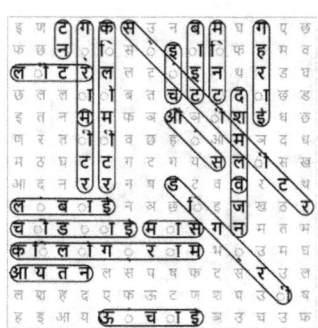

96 - Barcos

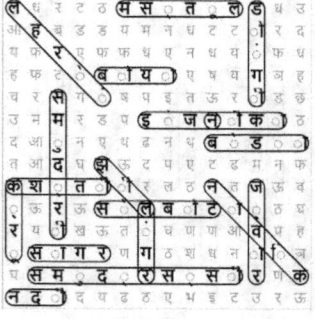

97 - Antártida

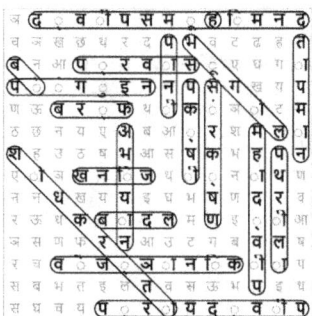

98 - Piratas

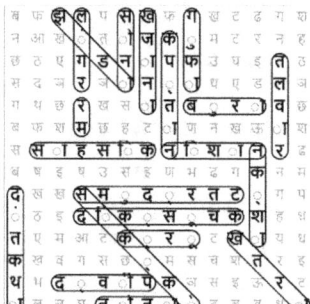

99 - Mamíferos

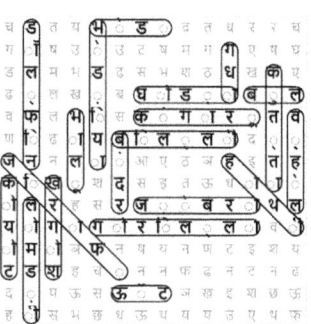

100 - Abejas

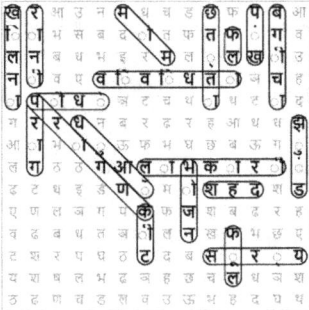

Diccionario

Abejas
मधुमक्खियों

Alas	पंख
Beneficioso	लाभकारी
Cera	मोम
Colmena	छत्ता
Comida	भोजन
Diversidad	ववििधिता
Enjambre	झुंड
Flor	खलिना
Flores	फूल
Fruta	फल
Humo	धुआँ
Insecto	कीट
Jardín	बगीचा
Miel	शहद
Plantas	पौधे
Polen	पराग
Polinizador	परागणक
Reina	रानी
Sol	सूर्य

Actividades
गतविधियाँ

Actividad	गतविधिि
Arte	कला
Artesanía	शल्पि
Camping	डेरा डालना
Caza	शकिार करना
Costura	सलिाई
Fotografía	फोटोग्राफी
Habilidad	कौशल
Intereses	हतिें
Jardinería	बागवानी
Juegos	खेल
Lectura	पढ़ना
Magia	जादू
Ocio	अवकाश
Pesca	मछली पकड़ने
Pintura	चत्रिकारी
Placer	आनंद
Relajación	वश्रिाम
Rompecabezas	पहेली
Tejer	बुनाई

Actividades y Ocio
गतविधियाँ और अवकाश

Aficiones	शौक
Arte	कला
Baloncesto	बास्केटबॉल
Béisbol	बेसबॉल
Boxeo	मुक्केबाजी
Buceo	डाइवगि
Camping	डेरा डालना
Compras	खरीदारी
Golf	गोल्फ
Jardinería	बागवानी
Natación	तैराकी
Pesca	मछली पकड़ने
Pintura	चत्रिकारी
Relajante	आराम
Surf	सर्फगि
Tenis	टेनसि
Viaje	यात्रा
Voleibol	वॉलीबॉल

Adjetivos #1
वशिषण #1

Absoluto	नरिपेक्ष
Activo	सक्रयि
Ambicioso	महत्वाकांक्षी
Aromático	खुशबूदार
Atractivo	आकर्षक
Brillante	उज्ज्वल
Enorme	वशिाल
Generoso	उदार
Grande	बड़ा
Honesto	ईमानदार
Importante	महत्वपूर्ण
Inocente	मासूम
Joven	युवा
Lento	धीमा
Moderno	आधुनकि
Oscuro	अंधेरा
Perfecto	उत्तम
Pesado	भारी
Serio	गंभीर
Valioso	मूल्यवान

Adjetivos #2
वशिषण #2

Cansado	थक गया
Comestible	खाद्य
Creativo	रचनात्मक
Descriptivo	वर्णनात्मक
Dramático	नाटकीय
Elegante	सुरुचपिूर्ण
Famoso	प्रसद्धि
Fresco	ताजा
Fuerte	मजबूत
Interesante	दलिचस्प
Natural	प्राकृतकि
Normal	साधारण
Nuevo	नया
Orgulloso	गर्व
Picante	मसालेदार
Productivo	उत्पादक
Responsable	जम्मिेदार
Salado	नमकीन
Saludable	स्वस्थ
Seco	सूखा

Agua
पानी

Canal	नहर
Ducha	बौछार
Empapado	लथपथ
Evaporación	वाष्पीकरण
Helada	ठंढ
Hielo	बर्फ
Humedad	नमी
Huracán	तूफान
Húmedo	नम
Inundación	बाढ़
Lago	झील
Lluvia	वर्षा
Monzón	मानसून
Océano	सागर
Olas	लहरें
Riego	सचिाई
Río	नदी
Vapor	भाप

Ajedrez
शतरंज

Blanco	सफेद
Campeón	चैंपयिन
Concurso	प्रतयिोगति
Diagonal	वकिर्ण
Estrategia	रणनीत
Inteligente	चतुर
Juego	खेल
Jugador	खलिाड़ी
Negro	काला
Oponente	वरिोधी
Pasivo	नषि्क्रयि
Puntos	अंक
Reglas	नयिम
Reina	रानी
Rey	राजा
Sacrificio	बलदिान
Tiempo	समय
Torneo	टूर्नामेंट

Antártida
अंटार्कटकि

Agua	पानी
Bahía	बे
Científico	वैज्ञानकि
Conservación	संरक्षण
Continente	महाद्वीप
Expedición	अभयिान
Geografía	भूगोल
Glaciares	हमिनद
Hielo	बर्फ
Investigador	शोधकर्ता
Islas	द्वीप समूह
Migración	प्रवास
Minerales	खनजि
Nubes	बादल
Pájaros	पक्षी
Península	प्रायद्वीप
Pingüinos	पेंगुइन
Rocoso	पथरीला
Temperatura	तापमान
Topografía	स्थलाकृत

Arte
कला

Cerámica	सरिमकि
Complejo	जटलि
Composición	रचना
Crear	बनाना
Escultura	मूर्तकिला
Expresión	अभवि्यक्त
Honesto	ईमानदार
Humor	मनोदशा
Inspirado	प्रेरति
Original	मूल
Personal	व्यक्तगित
Poesía	कवता
Retratar	चत्रिरति
Sencillo	सरल
Símbolo	प्रतीक
Surrealismo	अतयिथार्थवाद
Tema	वषिय
Visual	दृश्य

Artes Visuales
दृश्य कला

Arcilla	मट्टी
Arquitectura	वास्तुकला
Artista	कलाकार
Barniz	वार्नशि
Caballete	चत्रिफलक
Cera	मोम
Composición	रचना
Creatividad	रचनात्मकता
Escultura	मूर्तकिला
Fotografía	तस्वीर
Lápiz	पेंसलि
Obra Maestra	कृत
Película	फलि्म
Perspectiva	परपि्रेक्ष्य
Pintura	चत्रिकारी
Plantilla	स्टैंसलि
Pluma	कलम
Retrato	चत्रि
Tiza	चाक

Astronomía
खगोल वद्यिा

Asteroide	क्षुद्रग्रह
Astrónomo	खगोल वज्ञिानी
Cielo	आकाश
Cohete	रॉकेट
Constelación	नक्षत्र
Cosmos	ब्रह्मांड
Eclipse	ग्रहण
Equinoccio	वषिुव
Galaxia	आकाशगंगा
Gravedad	गुरुत्वाकर्षण
Luna	चाँद
Meteoro	उल्का
Observatorio	वेधशाला
Planeta	ग्रह
Radiación	वकिरिण
Satélite	उपग्रह
Supernova	सुपरनोवा
Telescopio	दूरबीन
Tierra	पृथ्वी
Universo	संसार

Aventura
साहसकि कार्य

Actividad	गतविधि
Alegría	हर्ष
Amigos	दोस्तों
Belleza	सुंदरता
Destino	गंतव्य
Dificultad	कठनिाई
Entusiasmo	उत्साह
Excursión	भ्रमण
Inusual	असामान्य
Naturaleza	प्रकृत
Navegación	पथ प्रदर्शन
Nuevo	नया
Oportunidad	अवसर
Peligroso	खतरनाक
Preparación	तैयारी
Seguridad	सुरक्षा
Valentía	वीरता
Viajes	यात्रा

Aviones
हवाई जहाज

Aire	वायु
Altura	ऊंचाई
Aterrizaje	अवतरण
Atmósfera	वायुमंडल
Aventura	साहसकि
Cielo	आकाश
Clima	मौसम
Combustible	ईंधन
Construcción	नर्माण
Dirección	दशा
Diseño	डजिाइन
Globo	गुब्बारा
Hidrógeno	हाइड्रोजन
Historia	इतहािस
Motor	इंजन
Navegar	नेवगिट
Pasajero	यात्री
Piloto	पायलट
Tripulación	क्रू
Turbulencia	अशांत

Baile
नृत्य

Academia	अकादमी
Alegre	हर्षति
Arte	कला
Clásico	शास्त्रीय
Coreografía	नृत्यकला
Cuerpo	शरीर
Cultura	संस्कृत
Cultural	सांस्कृतकि
Emoción	भावना
Ensayo	रहिर्सल
Expresivo	सूचक
Gracia	कृपा
Movimiento	गत
Música	संगीत
Postura	आसन
Ritmo	ताल
Socio	साथी
Tradicional	परंपरागत
Visual	दृश्य

Ballet
बैले

Aplauso	वाहवाही
Artístico	कलात्मक
Audiencia	दर्शक
Bailarina	बैले
Bailarines	नर्तकयिों
Compositor	संगीतकार
Coreografía	नृत्यकला
Ensayo	रहिर्सल
Estilo	शैली
Expresivo	सूचक
Gesto	इशारा
Habilidad	कौशल
Intensidad	तीव्रता
Lecciones	सबक
Músculos	मांसपेशयिों
Música	संगीत
Orquesta	ऑर्केस्ट्रा
Práctica	अभ्यास
Ritmo	ताल
Técnica	तकनीक

Baño
स्नानघर

Agua	पानी
Alfombra	गलीचा
Aseo	शौचालय
Baño	स्नान
Burbujas	बुलबुले
Champú	शैम्पू
Ducha	बौछार
Espejo	दर्पण
Esponja	स्पंज
Grifo	नल
Jabón	साबुन
Loción	लोशन
Perfume	इत्र
Tijeras	कैंची
Toalla	तौलयि
Vapor	भाप

Barbacoas
बारबेक्यू

Almuerzo	दोपहर का भोजन
Caliente	गरम
Cebollas	प्याज
Cena	रात का खाना
Cuchillos	चाकू
Ensaladas	सलाद
Familia	परवार
Fruta	फल
Hambre	भूख
Juegos	खेल
Música	संगीत
Niños	बच्चे
Parrilla	ग्रलि
Pimienta	मर्चि
Pollo	चकिन
Sal	नमक
Salsa	चटनी
Tomates	टमाटर
Verano	गर्मी
Verduras	सब्जयिां

Barcos
नौकाएँ

Ancla	लंगर
Balsa	बेड़ा
Boya	बोया
Canoa	डोंगी
Cuerda	रस्सी
Kayak	कश्ती
Lago	झील
Mar	समुद्र
Marea	ज्वार
Marinero	नावकि
Mástil	मस्तूल
Motor	इंजन
Náutico	समुद्री
Océano	सागर
Olas	लहरें
Río	नदी
Tripulación	क्रू
Velero	सेलबोट
Yate	नौका

Bondad
दयालुता

Afectuoso	स्नेही
Amistoso	अनुकूल
Amoroso	प्यार
Atento	चौकस
Compasivo	दयालु
Comprensión	समझ
Feliz	खुश
Fiable	विश्वसनीय
Generoso	उदार
Genuino	वास्तविक
Honesto	ईमानदार
Hospitalario	मेहमाननवाज
Paciente	रोगी
Receptivo	ग्रहणशील
Respetuoso	विनीत
Tolerante	सहनशील
Útil	उपयोगी

Campeonato
प्रतियोगिता

Campeonato	चैम्पियनशिप
Campeón	चैंपियन
Deportes	खेल
Entrenador	कोच
Equipo	टीम
Estrategia	रणनीति
Finalista	फाइनल
Juez	न्यायाधीश
Liga	लीग
Medalla	पदक
Motivación	प्रेरणा
Rendimiento	प्रदर्शन
Resistencia	सहन
Torneo	टूर्नामेंट
Transpiración	पसीना
Victoria	विजय

Camping
कैम्पिंग

Animales	जानवरों
Aventura	साहसिक
Árboles	पेड़
Bosque	वन
Brújula	दिक्सूचक
Cabina	केबिन
Canoa	डोंगी
Caza	शिकार करना
Cuerda	रस्सी
Equipo	उपकरण
Fuego	आग
Hamaca	झूला
Insecto	कीट
Lago	झील
Linterna	लालटेन
Luna	चाँद
Mapa	नक्शा
Montaña	पहाड़
Naturaleza	प्रकृति
Sombrero	टोपी

Casa
हाउस

Alfombra	गलीचा
Ático	अटारी
Biblioteca	पुस्तकालय
Chimenea	चिमनी
Cocina	रसोई
Dormitorio	शयनकक्ष
Ducha	बौछार
Escoba	झाड़ू
Espejo	दर्पण
Garaje	गैरेज
Grifo	नल
Jardín	बगीचा
Lámpara	दीपक
Pared	दीवार
Piso	तल
Puerta	दरवाजा
Sótano	तहखाना
Techo	छत
Valla	बाड़
Ventana	खिड़की

Castillos
महल

Armadura	कवच
Caballero	शूरवीर
Caballo	घोड़ा
Catapulta	गुलेल
Corona	ताज
Dinastía	राजवंश
Dragón	अजगर
Espada	तलवार
Feudal	सामंती
Fortaleza	किले
Foso	खाई
Imperio	साम्राज्य
Noble	महान
Palacio	महल
Pared	दीवार
Princesa	राजकुमारी
Príncipe	राजकुमार
Torre	मीनार
Unicornio	गेंडा

Chocolate
चॉकलेट

Amargo	कड़वा
Antioxidante	एंटीऑक्सीडेंट
Aroma	सुगंध
Artesanal	कुटीर
Azúcar	चीनी
Cacahuetes	मूंगफली
Cacao	कोको
Calidad	गुणवत्ता
Calorías	कैलोरी
Caramelo	कैंडी
Coco	नारियल
Delicioso	स्वादिष्ट
Dulce	मिठाई
Exótico	विदेशी
Favorito	प्रिय
Gusto	स्वाद
Ingrediente	घटक
Polvo	पाउडर
Receta	विधि

Ciencia
वज्ञिान

Átomo	परमाणु
Científico	वैज्ञानकि
Clima	जलवायु
Datos	डेटा
Evolución	वकिास
Experimento	प्रयोग
Física	भौतकि वज्ञिान
Fósil	जीवाश्म
Gravedad	गुरुत्वाकर्षण
Hecho	तथ्य
Hipótesis	परकिल्पना
Laboratorio	प्रयोगशाला
Método	तरीका
Minerales	खनजि
Moléculas	अणुओं
Naturaleza	प्रकृत
Organismo	जीव
Partículas	कण
Plantas	पौधे
Químico	रासायनकि

Ciencia Ficción
कल्पति वज्ञिान

Atómico	परमाणु
Cine	सनिमा
Distante	दूर
Explosión	वस्फिोट
Extremo	चरम
Fantástico	शानदार
Fuego	आग
Futurista	फ्यूचरस्टिकि
Galaxia	आकाशगंगा
Ilusión	भ्रम
Imaginario	काल्पनकि
Libros	पुस्तकें
Misterioso	रहस्यमय
Mundo	दुनयिा
Oráculo	आकाशवाणी
Planeta	ग्रह
Realista	यथार्थवादी
Robots	रोबोट
Tecnología	प्रौद्योगकिी
Utopía	आदर्शलोक

Circo
सर्कस

Acróbata	नट
Animales	जानवरों
Caramelo	कैंडी
Carpa	तंबू
Desfile	परेड
Elefante	हाथी
Entretener	मनोरंजन
Espectador	दर्शक
Globos	गुब्बारे
León	शेर
Magia	जादू
Mago	जादूगर
Malabarista	बाजीगर
Mono	बंदर
Mostrar	प्रदर्शन
Música	संगीत
Payaso	जोकर
Tigre	बाघ
Traje	पोशाक
Truco	छल

Ciudad
नगर

Aeropuerto	हवाई अड्डा
Banco	बैंक
Biblioteca	पुस्तकालय
Cine	सनिमा
Clínica	क्लनिकि
Escuela	स्कूल
Estadio	स्टेडयिम
Farmacia	फार्मेसी
Florista	फूलवाला
Galería	गैलरी
Hotel	होटल
Mercado	बाजार
Museo	संग्रहालय
Panadería	बेकरी
Restaurante	भोजनालय
Supermercado	सुपरमार्केट
Teatro	थएिटर
Tienda	दुकान
Universidad	वशि्ववद्यिालय
Zoo	चड़ियिाघर

Clima
मौसम

Arco Iris	इंद्रधनुष
Atmósfera	वायुमंडल
Calma	शांत
Cielo	आकाश
Clima	जलवायु
Hielo	बर्फ
Huracán	तूफान
Inundación	बाढ़
Monzón	मानसून
Niebla	कोहरा
Nube	बादल
Polar	ध्रुवीय
Rayo	बजिली
Seco	सूखा
Temperatura	तापमान
Tormenta	आंधी
Tornado	बवंडर
Tropical	उष्णकटबिंधीय
Trueno	गरज
Viento	हवा

Cocina
कचिन

Caldera	केतली
Comida	भोजन
Congelador	फ्रीजर
Cucharas	चम्मच
Cucharón	करछुल
Cuchillos	चाकू
Delantal	एप्रन
Especias	मसाले
Esponja	स्पंज
Horno	ओवन
Jarra	जग
Palillos	चीनी काँटा
Parrilla	ग्रलि
Receta	वधिि
Refrigerador	फ्रजि
Servilleta	नैपकनि
Tazas	कप
Tazón	कटोरा
Tenedores	कांटे

Comedia
कॉमेडी

Actor	अभिनेता
Actriz	अभिनेत्री
Aplauso	वाहवाही
Audiencia	दर्शक
Chistes	चुटकुले
Diversión	मज़ा
Expresivo	सूचक
Género	शैली
Humor	हास्य
Improvisación	कामचलाऊ
Inteligente	चतुर
Parodia	पैरोडी
Payasos	जोकर
Risa	हँसी
Teatro	थिएटर
Televisión	टेलीविजन

Comida #1
खाना #1

Ajo	लहसुन
Albahaca	तुलसी
Atún	टूना
Azúcar	चीनी
Canela	दालचीनी
Carne	मांस
Cebada	जौ
Cebolla	प्याज
Ensalada	सलाद
Espinacas	पालक
Fresa	स्ट्रॉबेरी
Jugo	रस
Leche	दूध
Limón	नींबू
Menta	पुदीना
Nabo	शलजम
Pera	नाशपाती
Sal	नमक
Sopa	सूप
Zanahoria	गाजर

Comida #2
खाना #2

Alcachofa	हाथी चक
Almendra	बादाम
Apio	अजवाइन
Arroz	चावल
Berenjena	बैंगन
Cereza	चेरी
Chocolate	चॉकलेट
Girasol	सूरजमुखी
Huevo	अंडा
Jengibre	अदरक
Kiwi	कीवी
Manzana	सेब
Pan	रोटी
Plátano	केला
Pollo	चकिन
Queso	पनीर
Tomate	टमाटर
Trigo	गेहूँ
Uva	अंगूर
Yogur	दही

Conduciendo
ड्राइवगि

Accidente	दुर्घटना
Calle	गली
Camión	ट्रक
Coche	कार
Combustible	ईंधन
Frenos	ब्रेक
Garaje	गैरेज
Gas	गैस
Licencia	लाइसेंस
Mapa	नक्शा
Motocicleta	मोटरसाइकलि
Motor	मोटर
Peatonal	पैदल यात्री
Peligro	खतरा
Policía	पुलसि
Seguridad	सुरक्षा
Transporte	परविहन
Tráfico	यातायात
Túnel	सुरंग
Velocidad	गति

Cuerpo Humano
मानव शरीर

Barbilla	ठोड़ी
Boca	मुँह
Cabeza	सरि
Cara	चेहरा
Cerebro	दमिाग
Codo	कोहनी
Corazón	दलि
Cuello	गर्दन
Dedo	उंगली
Hombro	कंधा
Lengua	जीभ
Mano	हाथ
Nariz	नाक
Ojo	आंख
Oreja	कान
Piel	त्वचा
Pierna	टांग
Rodilla	घुटना
Sangre	रक्त
Tobillo	टखने

Cumpleaños
जन्मदनि

Alegre	हर्षति
Amigos	दोस्तों
Año	वर्ष
Calendario	कैलेंडर
Canción	गीत
Celebración	उत्सव
Diversión	मज़ा
Día	दनि
Especial	वशिष
Feliz	खुश
Invitaciones	नमिंत्रण
Joven	युवा
Nacer	जन्म
Pastel	केक
Recuerdos	यादें
Regalo	उपहार
Sabiduría	बुद्धि
Tarjetas	पत्ते
Tiempo	समय
Velas	मोमबत्तियाँ

Deportes
सपोर्ट्स

Árbitro	रेफरी
Baloncesto	बास्केटबॉल
Béisbol	बेसबॉल
Bicicleta	साइकलि
Campeonato	चैम्पयिनशपि
Entrenador	कोच
Equipo	टीम
Estadio	स्टेडयिम
Ganador	वजिता
Gimnasia	जमिनास्टकि
Gimnasio	व्यायामशाला
Golf	गोल्फ
Hockey	हॉकी
Juego	खेल
Jugador	खलाड़ी
Movimiento	गत
Tenis	टेनस

Dinosaurios
डायनासोर

Alas	पंख
Carnívoro	मांसाहारी
Cola	पूंछ
Desaparición	अंतर्धान
Especie	प्रजातयिां
Evolución	वकिास
Fósiles	जीवाश्म
Grande	बड़ा
Herbívoro	शाकाहारी
Mamut	वशिाल
Omnívoro	सर्वभक्षी
Poderoso	शक्तशिाली
Prehistórico	प्रागैतहिासकि
Presa	शकिार
Raptor	रैप्टर
Reptil	सरीसृप
Tamaño	आकार
Tierra	पृथ्वी
Vicioso	शातरि

Disciplinas Científicas
वैज्ञानकि अनुशासन

Anatomía	शरीर रचना
Arqueología	पुरातत्व
Astronomía	खगोल वज्ञिान
Biología	जीववज्ञिान
Bioquímica	जीव रसायन
Ecología	पारस्थितिकिी
Fisiología	फजियिोलॉजी
Física	भौतकि वज्ञिान
Geología	भूवज्ञिान
Inmunología	इम्यूनोलॉजी
Lingüística	भाषावज्ञिान
Mecánica	यांत्रकिी
Meteorología	मौसम वज्ञिान
Mineralogía	खनजि वद्यिा
Nutrición	पोषण
Psicología	मनोवज्ञिान
Química	रसायन वज्ञिान
Robótica	रोबोटक्सि
Sociología	समाज शास्त्र
Termodinámica	ऊष्मप्रवैगकिी

Días y Meses
दनि और महीने

Abril	अप्रैल
Agosto	अगस्त
Año	वर्ष
Calendario	कैलेंडर
Domingo	रवविार
Enero	जनवरी
Febrero	फरवरी
Jueves	गुरुवार
Julio	जुलाई
Junio	जून
Lunes	सोमवार
Martes	मंगलवार
Mes	महीना
Miércoles	बुधवार
Noviembre	नवंबर
Octubre	अक्टूबर
Sábado	शनविार
Semana	सप्ताह
Septiembre	सतिंबर
Viernes	शुक्रवार

Ecología
परस्थितिकिी

Clima	जलवायु
Comunidades	समुदाय
Diversidad	ववििधिता
Especie	प्रजातयिां
Fauna	पशु
Global	वैश्वकि
Marino	समुद्री
Montañas	पहाड़ों
Natural	प्राकृतकि
Naturaleza	प्रकृत
Pantano	दलदल
Plantas	पौधे
Recursos	संसाधन
Sequía	सूखा
Sostenible	टकिाऊ
Supervivencia	उत्तरजीवतिा
Vegetación	वनस्पत
Voluntarios	स्वयंसेवकों

Edificios
इमारतें

Albergue	छात्रावास
Apartamento	अपार्टमेंट
Castillo	कलिा
Cine	सनिमा
Embajada	दूतावास
Escuela	स्कूल
Estadio	स्टेडयिम
Fábrica	फैक्टरी
Garaje	गैरेज
Granero	खलहिान
Granja	खेत
Hospital	अस्पताल
Hotel	होटल
Laboratorio	प्रयोगशाला
Museo	संग्रहालय
Observatorio	वेधशाला
Supermercado	सुपरमार्केट
Teatro	थएिटर
Torre	मीनार
Universidad	वश्विवद्यालय

Emociones
भावनाएँ

Aburrimiento	बोरयित
Agradecido	आभारी
Alegría	हर्ष
Alivio	राहत
Amor	प्यार
Avergonzado	शर्मदि
Beatitud	परमानंद
Bondad	दयालुता
Calma	शांत
Ira	क्रोध
Miedo	डर
Paz	शांति
Satisfecho	संतुष्ट
Simpatía	सहानुभूति
Sorpresa	आश्चर्य
Ternura	कोमलता
Tristeza	उदासी

Escalada
क्लाइम्बगि

Altitud	ऊंचाई
Atmósfera	वायुमंडल
Botas	जूते
Casco	हेलमेट
Cueva	गुफा
Curiosidad	जज्ञिासा
Estabilidad	स्थरिता
Estrecho	संकीर्ण
Experto	वशिषज्ञ
Físico	शारीरकि
Formación	प्रशक्षिण
Fuerza	ताकत
Guantes	दस्ताने
Guías	गाइड
Lesión	चोट
Mapa	नक्शा
Terreno	भूभाग

Escuela #1
स्कूल #1

Alfabeto	वर्णमाला
Almuerzo	दोपहर का भोजन
Amigos	दोस्तों
Aula	कक्षा
Biblioteca	पुस्तकालय
Carpetas	फ़ोल्डर
Diversión	मज़ा
Escritorio	डेस्क
Examen	प्रश्नोत्तरी
Exámenes	परीक्षा
Lápiz	पेंसलि
Libros	पुस्तकें
Matemática	गणति
Números	संख्याएँ
Papel	कागज
Plumas	कलम
Profesor	शक्षिक
Respuestas	जवाब
Silla	कुर्सी

Escuela #2
स्कूल #2

Académico	शैक्षकि
Autobús	बस
Biblioteca	पुस्तकालय
Calendario	कैलेंडर
Ciencia	वज्ञिान
Diccionario	शब्दकोश
Educación	शक्षिा
Gramática	व्याकरण
Juegos	खेल
Lápiz	पेंसलि
Lectura	पढ़ना
Libros	पुस्तकें
Literatura	साहत्यि
Mochila	बैग
Ordenador	संगणक
Papel	कागज
Profesor	शक्षिक
Ropa	कपड़े
Suministros	आपूर्ति
Tijeras	कैंची

Especias
मसाले

Agrio	खट्टा
Ajo	लहसुन
Amargo	कड़वा
Azafrán	केसर
Canela	दालचीनी
Cardamomo	इलायची
Cebolla	प्याज
Cilantro	धनयिा
Clavo	लौंग
Comino	जीरा
Curry	करी
Dulce	मठिाई
Hinojo	सौंफ
Jengibre	अदरक
Nuez Moscada	जायफल
Pimienta	मर्चि
Regaliz	नद्यपान
Sabor	स्वाद
Sal	नमक
Vainilla	वनीला

Exploración
अन्वेषण

Actividad	गतविधि
Agotamiento	थकावट
Animales	जानवरों
Coraje	साहस
Culturas	संस्कृतयिों
Desconocido	अनजान
Descubrimiento	खोज
Determinación	दृढ़ नश्चिय
Distante	दूर
Emoción	उत्साह
Espacio	अंतरक्षि
Idioma	भाषा
Nuevo	नया
Peligroso	जोखमि
Salvaje	जंगली
Terreno	भूभाग
Viaje	यात्रा

Familia
परिवार

Abuela	दादी
Abuelo	दादा
Antepasado	पूर्वज
Esposa	बीवी
Hermana	बहन
Hermano	भाई
Hija	बेटी
Infancia	बचपन
Madre	मां
Marido	पति
Materno	मातृ
Nieto	पोता
Niño	बच्चा
Niños	बच्चे
Padre	पिता
Primo	चचेरा भाई
Sobrina	भतीजी
Sobrino	भतीजा
Tía	चाची
Tío	चाचा

Flores
फूल

Amapola	पोस्ता
Diente de León	डन्डेलअिन
Gardenia	गार्डेनयिा
Girasol	सूरजमुखी
Hibisco	हबिसि्कुस
Jazmín	चमेली
Lavanda	लैवेंडर
Lirio	लली
Magnolia	मैगनोलयिा
Margarita	डेज़ी
Orquídea	आर्कडि
Peonía	चपरासी
Pétalo	पत्ती
Plumeria	प्लूमेरयिा
Ramo	गुलदस्ता
Rosa	गुलाब
Trébol	आनन्द
Tulipán	ट्यूलपि

Formas
आकृतियाँ

Arco	चाप
Bordes	कनिारों
Cilindro	सलिंडर
Círculo	वृत्त
Cono	शंकु
Cuadrado	वर्ग
Cubo	घन
Curva	वक्र
Elipse	दीर्घवृत्त
Esquina	कोने
Lado	पक्ष
Línea	रेखा
Oval	अंडाकार
Pirámide	परिमडि
Polígono	बहुभुज
Prisma	प्रज्मि
Rectángulo	आयत
Ronda	गोल
Triángulo	त्रकिोण

Fruta
फ्रूट

Aguacate	एवोकाडो
Albaricoque	खुबानी
Baya	बेरी
Cereza	चेरी
Coco	नारयिल
Frambuesa	रसभरी
Guayaba	अमरूद
Kiwi	कीवी
Limón	नींबू
Mango	आम
Manzana	सेब
Melocotón	आड़ू
Melón	तरबूज
Naranja	नारंगी
Nectarina	शफ़तालू
Papaya	पपीता
Pera	नाशपाती
Piña	अनन्नास
Plátano	केला
Uva	अंगूर

Gatos
बल्लिी की

Afectuoso	स्नेही
Cazador	शकिारी
Cola	पूंछ
Curioso	जज्ञिासु
Dormir	नींद
Hilo	धागा
Independiente	स्वतंत्र
Juguetón	चंचल
Loco	पागल
Pata	पंजा
Personalidad	व्यक्तत्वि
Piel	फर
Poco	थोड़ा
Ratón	चूहा
Rápido	तेज
Salvaje	जंगली
Tímido	शर्मीला

Geografía
भूगोल

Altitud	ऊंचाई
Atlas	एटलस
Ciudad	शहर
Continente	महाद्वीप
Ecuador	भूमध्य रेखा
Hemisferio	गोलार्ध
Isla	द्वीप
Latitud	अक्षांश
Longitud	देशान्तर
Mapa	नक्शा
Mar	समुद्र
Meridiano	मध्याह्न
Montaña	पहाड़
Mundo	दुनयिा
Norte	उत्तर
Oeste	पश्चमि
País	देश
Río	नदी
Sur	दक्षणि
Territorio	क्षेत्र

Geología
भूवज्ञिान

Ácido	एसडि
Calcio	कैल्शयिम
Capa	परत
Caverna	गुफा
Ciclos	चक्र
Continente	महाद्वीप
Coral	मूंगा
Cristales	क्रस्टिल
Cuarzo	क्वार्ट्ज
Erosión	कटाव
Estalactita	स्टैलेक्टटि
Fósil	जीवाश्म
Lava	लावा
Meseta	पठार
Minerales	खनजि
Piedra	पत्थर
Sal	नमक
Terremoto	भूकंप
Volcán	ज्वालामुखी
Zona	क्षेत्र

Granja #1
फार्म #1

Abeja	मधुमक्खी
Agricultura	कृषि
Agua	पानी
Arroz	चावल
Burro	गधा
Caballo	घोड़ा
Cabra	बकरी
Campo	खेत
Cuervo	कौआ
Fertilizante	उर्वरक
Gato	बल्लिी
Heno	घास
Miel	शहद
Perro	कुत्ता
Pollo	चकिन
Semillas	बीज
Ternero	बछड़ा
Tierra	भूमि
Vaca	गाय
Valla	बाड़

Granja #2
फार्म #2

Agricultor	कसिान
Animales	जानवरों
Cebada	जौ
Comida	भोजन
Cordero	मेमना
Fruta	फल
Granero	खलहिान
Huerto	फलोद्यान
Leche	दूध
Llama	लामा
Maduro	पका हुआ
Maíz	मकई
Oveja	भेड़
Pastor	चरवाहा
Pato	बतख
Prado	घास का मैदान
Riego	सचिाई
Tractor	ट्रैक्टर
Trigo	गेहूँ
Vegetal	सब्जी

Herboristería
हर्बलज़्मि

Ajo	लहसुन
Albahaca	तुलसी
Aromático	खुशबूदार
Azafrán	केसर
Calidad	गुणवत्ता
Culinario	पाक
Eneldo	दलि
Estragón	तारगोन
Flor	फूल
Hinojo	सौंफ
Ingrediente	घटक
Jardín	बगीचा
Lavanda	लैवेंडर
Mejorana	कुठरा
Menta	पुदीना
Perejil	अजमोद
Planta	पौधा
Romero	दौनी
Sabor	स्वाद
Verde	हरा

Herramientas de Cocina
खाना पकाने के उपकरण

Caldera	केतली
Colador	कोलंडर
Cubertería	कटलरी
Cuchara	चम्मच
Cuchillo	चाकू
Espátula	रंग
Estufa	स्टोव
Exprimidor	जूसर
Horno	ओवन
Rallador	पसिाई यंत्र
Refrigerador	फ्रजि
Tapa	ढक्कन
Tenedor	कांटा
Termómetro	थर्मामीटर
Tijeras	कैंची
Tostadora	टोस्टर

Insectos
कीड़े

Abeja	मधुमक्खी
Avispa	ततैया
Áfido	एफडि
Cigarra	सकिाडा
Cucaracha	तलिचट्टा
Escarabajo	भृंग
Gusano	कीड़ा
Hormiga	चींटी
Larva	लार्वा
Libélula	ड्रैगनफ्लाई
Mariposa	तितली
Mariquita	भडिी
Mosquito	मच्छर
Polilla	कीट
Pulga	पस्सिू
Saltamontes	टड्डिी
Termita	दीमक

Jardín
बगीचा

Arbusto	बुश
Árbol	पेड़
Banco	बेंच
Césped	लॉन
Estanque	तालाब
Flor	फूल
Garaje	गैरेज
Hamaca	झूला
Hierba	घास
Huerto	फलोद्यान
Jardín	बगीचा
Malezas	मातम
Manguera	नली
Pala	फावड़ा
Porche	बरामदा
Rastrillo	रेक
Rocas	चट्टानों
Terraza	छत
Trampolín	ट्रेम्पोलनि
Valla	बाड़

Juguetes
खलिौने

Ajedrez	शतरंज
Arcilla	मट्टिी
Artesanía	शल्पि
Avión	वमिान
Barco	नाव
Bicicleta	साइकलि
Bola	गेंद
Camión	ट्रक
Coche	कार
Cometa	पतंग
Favorito	प्रयि
Imaginación	कल्पना
Juegos	खेल
Libros	पुस्तकें
Muñeca	गुड़यि
Pinturas	पेंट
Robot	रोबोट
Rompecabezas	पहेली
Tambores	ड्रम
Tren	ट्रेन

Libros
पुस्तकें

Autor	लेखक
Aventura	साहसकि
Colección	संग्रह
Contexto	संदर्भ
Dualidad	द्वंद्व
Escrito	लखिति
Historia	कहानी
Histórico	ऐतहिासकि
Humorístico	वनिोदी
Inmersión	वसिर्जन
Inventivo	आवषि्कारशील
Lector	पाठक
Literario	साहत्यिकि
Narrador	कथावाचक
Novela	उपन्यास
Página	पृष्ठ
Pertinente	प्रासंगकि
Poema	कवति
Serie	शृंखला
Trágico	दुखद

Literatura
साहत्यि

Analogía	समानता
Análisis	वशि्लेषण
Anécdota	कस्सिा
Autor	लेखक
Biografía	जीवनी
Comparación	तुलना
Conclusión	नषि्कर्ष
Descripción	ववरिण
Diálogo	संवाद
Estilo	शैली
Ficción	कथा
Metáfora	रूपक
Narrador	कथावाचक
Novela	उपन्यास
Poema	कवति
Poético	काव्यात्मक
Rima	तुक
Ritmo	ताल
Tema	वषिय
Tragedia	त्रासदी

Mamíferos
स्तनधारी

Ballena	व्हेल
Burro	गधा
Caballo	घोड़ा
Camello	ऊँट
Canguro	कंगारू
Cebra	ज़ेबरा
Conejo	खरगोश
Coyote	कोयोट
Delfín	डॉल्फनि
Elefante	हाथी
Gato	बल्लिी
Gorila	गोरल्लिा
Jirafa	जरिाफ़
Lobo	भेड़यि
Mono	बंदर
Oso	भालू
Oveja	भेड़
Perro	कुत्ता
Toro	बुल
Zorro	लोमड़ी

Mascotas
पालतू जानवर

Agua	पानी
Cabra	बकरी
Cachorro	पल्लिा
Cola	पूंछ
Collar	कॉलर
Comida	भोजन
Conejo	खरगोश
Correa	पट्टा
Garras	पंजे
Gato	बल्लिी
Lagarto	छपिकली
Loro	तोता
Perro	कुत्ता
Pescado	मछली
Ratón	चूहा
Tortuga	कछुआ
Vaca	गाय
Veterinario	पशु चकित्सिक

Matemáticas
गणति

Aritmética	अंकगणति
Ángulos	कोण
Circunferencia	परधिि
Cuadrado	वर्ग
Decimal	दशमलव
Diámetro	व्यास
División	वभिाजन
Ecuación	समीकरण
Exponente	प्रतपिादक
Fracción	अंश
Geometría	ज्यामति
Números	संख्याएँ
Paralelo	समानांतर
Perpendicular	सीधा
Polígono	बहुभुज
Radio	त्रज्यिा
Rectángulo	आयत
Simetría	समरूपता
Triángulo	त्रकिोण
Volumen	आयतन

Mediciones
मापन

Altura	ऊंचाई
Ancho	चौड़ाई
Byte	बाइट
Centímetro	सेंटीमीटर
Decimal	दशमलव
Grado	डग्रिी
Gramo	ग्राम
Kilogramo	कलिोग्राम
Kilómetro	कलिोमीटर
Litro	लीटर
Longitud	लंबाई
Masa	मास
Metro	मीटर
Minuto	मनिट
Onza	औंस
Peso	वजन
Profundidad	गहराई
Pulgada	इंच
Tonelada	टन
Volumen	आयतन

Meditación
ध्यान

Aceptación	स्वीकृति
Atención	ध्यान
Bondad	दयालुता
Calma	शांत
Claridad	स्पष्टता
Compasión	दया
Emociones	भावनाएँ
Gratitud	कृतज्ञता
Mental	मानसकि
Mente	मन
Movimiento	गति
Música	संगीत
Naturaleza	प्रकृति
Observación	अवलोकन
Paz	शांति
Pensamientos	वचिार
Perspectiva	परप्रिेक्ष्य
Postura	आसन
Respiración	श्वास
Silencio	मौन

Mitología
पौराणकि कथाएं

Arquetipo	मूलरूप आदर्श
Celos	ईर्ष्या
Cielo	स्वर्ग
Comportamiento	व्यवहार
Creación	सृजन
Creencias	वश्विासों
Criatura	जंतु
Cultura	संस्कृति
Desastre	आपदा
Fuerza	ताकत
Guerrero	योद्धा
Héroe	नायक
Inmortalidad	अमरता
Laberinto	भूलभुलैया
Leyenda	दंतकथा
Monstruo	राक्षस
Mortal	नश्वर
Rayo	बजिली
Trueno	गरज
Venganza	बदला

Mueble
फर्नीचर

Alfombra	गलीचा
Almohada	तकयिा
Banco	बेंच
Cama	बस्तिर
Cojines	कुशन
Colchón	गद्दा
Cortinas	पर्दे
Cómoda	ड्रेसर
Escritorio	डेस्क
Espejo	दर्पण
Estantes	अलमारयिों
Futón	फुटन
Hamaca	झूला
Lámpara	दीपक
Silla	कुर्सी
Sofá	सोफा

Naturaleza
प्रकृति

Abejas	मधुमक्खयिों
Animales	जानवरों
Ártico	आर्कटकि
Belleza	सुंदरता
Bosque	वन
Desierto	रेगस्तिान
Dinámico	गतशिील
Erosión	कटाव
Follaje	पत्ते
Glaciar	ग्लेशयिर
Niebla	कोहरा
Nubes	बादल
Pacífico	शांतपूर्ण
Refugio	आश्रय
Río	नदी
Salvaje	जंगली
Santuario	अभयारण्य
Sereno	नर्मिल
Tropical	उष्णकटबिंधीय
Vital	महत्वपूर्ण

Nutrición
पोषाहार

Amargo	कड़वा
Apetito	भूख
Calidad	गुणवत्ता
Calorías	कैलोरी
Cereales	अनाज
Comestible	खाद्य
Dieta	आहार
Digestión	पाचन
Equilibrado	संतुलति
Fermentación	कण्वित
Hábitos	आदतें
Nutriente	पुष्टकिर
Peso	वजन
Proteínas	प्रोटीन
Sabor	स्वाद
Salsa	चटनी
Salud	स्वास्थ्य
Saludable	स्वस्थ
Toxina	वषि
Vitamina	वटिामनि

Números
संख्याएँ

Catorce	चौदह
Cero	शून्य
Cinco	पांच
Cuatro	चार
Decimal	दशमलव
Diecinueve	उन्नीस
Dieciocho	अठारह
Dieciséis	सोलह
Diecisiete	सत्रह
Diez	दस
Doce	बारह
Dos	दो
Nueve	नौ
Ocho	आठ
Quince	पंद्रह
Seis	छह
Siete	सात
Trece	तेरह
Tres	तीन
Veinte	बीस

Océano
सागर

Alga	शैवाल
Algas Marinas	समुद्री शैवाल
Arrecife	चट्टान
Atún	टूना
Ballena	व्हेल
Barco	नाव
Camarón	झींगा
Cangrejo	केकड़ा
Coral	मूंगा
Delfín	डॉल्फनि
Esponja	स्पंज
Mareas	ज्वार
Medusa	जेलफ़िशि
Ostra	सीप
Pescado	मछली
Pulpo	ऑक्टोपस
Sal	नमक
Tiburón	शार्क
Tormenta	आंधी
Tortuga	कछुआ

Paisajes
लैंडस्केप

Cascada	झरना
Cueva	गुफा
Desierto	रेगस्तिान
Estuario	मुहाना
Glaciar	ग्लेशयिर
Golfo	खाड़ी
Iceberg	हमिखंड
Isla	द्वीप
Lago	झील
Laguna	लैगून
Mar	समुद्र
Montaña	पहाड़
Oasis	मरूद्यान
Pantano	दलदल
Península	प्रायद्वीप
Playa	समुद्र तट
Río	नदी
Tundra	टुंड्रा
Valle	घाटी
Volcán	ज्वालामुखी

Países #2
देशों #2

Albania	अल्बानयि
Australia	ऑस्ट्रेलयि
Austria	ऑस्ट्रयि
Dinamarca	डेनमार्क
Etiopía	इथयिोपयि
Francia	फ्रांस
Grecia	यूनान
Indonesia	इंडोनेशयि
Irlanda	आयरलैंड
Jamaica	जमैका
Japón	जापान
Laos	लाओस
México	मेक्सकिो
Pakistán	पाकस्तिान
Portugal	पुर्तगाल
Rusia	रूस
Siria	सीरयि
Sudán	सूडान
Ucrania	यूक्रेन
Uganda	युगांडा

Pájaros
पक्षयिों

Avestruz	शुतुरमुर्ग
Águila	ईगल
Cigüeña	सारस
Cisne	हंस
Cuco	कोयल
Cuervo	कौआ
Flamenco	राजहंस
Gallina	मुर्गी
Garza	बगुला
Gaviota	मूर्ख मनुष्य
Gorrión	गौरैया
Halcón	बाज़
Huevo	अंडा
Loro	तोता
Paloma	कबूतर
Pato	बतख
Pelícano	हवासील
Pingüino	पेंगुइन
Pollo	चकिन
Tucán	टूकेन

Pesca
फशिगि

Agua	पानी
Aletas	पंख
Barco	नाव
Branquias	गल्सि
Cable	तार
Cebo	चारा
Cesta	टोकरी
Cocinar	रसोइया
Equipo	उपकरण
Exageración	अतशियोक्ति
Gancho	हुक
Lago	झील
Mandíbula	जबड़ा
Océano	सागर
Paciencia	धैर्य
Peso	वजन
Playa	समुद्र तट
Río	नदी
Temporada	ऋतु

Piratas
समुद्री लुटेरे

Ancla	लंगर
Aventura	साहसकि
Bandera	झंडा
Brújula	दक्सिूचक
Capitán	कप्तान
Cicatriz	नशिान
Cueva	गुफा
Espada	तलवार
Isla	द्वीप
Leyenda	दंतकथा
Loro	तोता
Malo	बुरा
Mapa	नक्शा
Monedas	सक्किे
Oro	सोना
Peligro	खतरा
Playa	समुद्र तट
Ron	रम
Tesoro	खजाना
Tripulación	क्रू

Plantas
पौधे

Arbusto	बुश
Árbol	पेड़
Bambú	बांस
Baya	बेरी
Bosque	वन
Cactus	कैक्टस
Crecer	बढ़ना
Fertilizante	उर्वरक
Flor	फूल
Follaje	पत्ते
Frijol	सेम
Hiedra	आइवी
Hierba	घास
Hoja	पत्ता
Jardín	बगीचा
Musgo	काई
Pétalo	पत्ती
Raíz	जड़
Sol	सूर्य
Vegetación	वनस्पति

Playa
समुद्र तट

Arena	रेत
Arrecife	चट्टान
Azul	नीला
Barco	नाव
Cangrejo	केकड़ा
Costa	तट
Isla	द्वीप
Laguna	लैगून
Mar	समुद्र
Océano	सागर
Paraguas	छाता
Sandalias	सैंडल
Sol	सूर्य
Toalla	तौलयाि
Vacaciones	छुट्टी
Velero	सेलबोट

Profesiones #1
व्यवसाय #1

Abogado	वकील
Astrónomo	खगोल वज्ञिानी
Atleta	खलिाड़ी
Bailarín	नर्तकी
Banquero	बैंकर
Bombero	फायर फाइटर
Cartógrafo	मानचत्रिकार
Cazador	शकिारी
Doctor	चकित्सिक
Editor	संपादक
Embajador	राजदूत
Enfermera	नर्स
Entrenador	कोच
Fontanero	नलसाज़
Geólogo	भूवज्ञिानी
Joyero	जौहरी
Músico	संगीतकार
Pianista	पयिानोवादक
Psicólogo	मनोवैज्ञानकि
Veterinario	पशु चकित्सिक

Profesiones #2
व्यवसाय #2

Agricultor	कसिान
Bibliotecario	लाइब्रेरयिन
Biólogo	जीववज्ञिानी
Cirujano	सर्जन
Dentista	दंत चकित्सिक
Detective	जासूस
Filósofo	दार्शनकि
Fotógrafo	फोटोग्राफर
Ilustrador	इलस्ट्रेटर
Ingeniero	इंजीनयिर
Inventor	आवष्किारक
Investigador	शोधकर्ता
Jardinero	माली
Lingüista	बहुभाषी
Médico	चकित्सिक
Periodista	पत्रकार
Piloto	पायलट
Pintor	चत्रिकार
Profesor	शक्षिक
Zoólogo	जूलॉजस्टि

Rellenar
भरने के लिए

Bandeja	ट्रे
Bañera	टब
Barril	बैरल
Bolsa	थैला
Bolsillo	जेब
Botella	बोतल
Caja	बॉक्स
Cajón	दराज
Carpeta	फ़ोल्डर
Cartón	कार्टन
Cesta	टोकरी
Cubo	बाल्टी
Cuenca	घाटी
Jarrón	फूलदान
Maleta	सूटकेस
Paquete	पैकेट
Sobre	लफिाफा
Tubo	ट्यूब

Restaurante #1
रेस्टोरेंट #1

Alergia	एलर्जी
Café	कॉफ़ी
Cajero	खजांची
Camarera	वेट्रेस
Carne	मांस
Cocina	रसोई
Comida	भोजन
Cuchillo	चाकू
Ingredientes	सामग्री
Menú	मेन्यू
Pan	रोटी
Picante	मसालेदार
Plato	प्लेट
Pollo	चकिन
Postre	मठिाई
Reserva	आरक्षण
Salsa	चटनी
Servilleta	नैपकनि
Tazón	कटोरा

Restaurante #2
रेस्टोरेंट #2

Agua	पानी
Almuerzo	दोपहर का भोजन
Aperitivo	क्षुधावर्धक
Bebida	पेय
Camarero	वेटर
Cena	रात का खाना
Cuchara	चम्मच
Delicioso	स्वादषि्ट
Ensalada	सलाद
Especias	मसाले
Fruta	फल
Hielo	बर्फ
Huevos	अंडे
Pastel	केक
Pescado	मछली
Sal	नमक
Silla	कुर्सी
Sopa	सूप
Tenedor	कांटा
Verduras	सब्जयिां

Ropa
कपडे

Abrigo	कोट
Blusa	ब्लाउज
Bufanda	दुपट्टा
Camisa	कमीज
Chaqueta	जैकेट
Cinturón	बेल्ट
Collar	हार
Delantal	एप्रन
Falda	स्कर्ट
Guantes	दस्ताने
Joyas	आभूषण
Moda	फैशन
Pantalones	पैंट
Pijama	पाजामा
Pulsera	कंगन
Sandalias	सैंडल
Sombrero	टोपी
Suéter	स्वेटर
Vestido	पोशाक
Zapato	जूता

Selva Tropical
वर्षावन

Anfibios	उभयचर
Botánico	वानस्पतकि
Clima	जलवायु
Comunidad	समुदाय
Diversidad	ववििधिता
Especie	प्रजातयिां
Indígena	स्वदेशी
Insectos	कीड़े
Mamíferos	स्तनधारी
Musgo	काई
Naturaleza	प्रकृति
Nubes	बादल
Pájaros	पक्षी
Preservación	संरक्षण
Refugio	शरण
Respeto	आदर
Restauración	बहाली
Selva	जंगल
Supervivencia	उत्तरजीवति
Valioso	मूल्यवान

Senderismo
लंबी पैदल यात्रा

Acantilado	चट्टान
Agua	पानी
Animales	जानवरों
Botas	जूते
Camping	डेरा डालना
Cansado	थक गया
Clima	जलवायु
Cumbre	शखिर सम्मेलन
Guías	गाइड
Mapa	नक्शा
Montaña	पहाड़
Mosquitos	मच्छरों
Naturaleza	प्रकृति
Orientación	अभवनि्यास
Parques	पार्क
Pesado	भारी
Piedras	पत्थर
Preparación	तैयारी
Salvaje	जंगली
Sol	सूर्य

Suministros de Arte
कला की आपूर्ति

Aceite	तेल
Acrílico	एक्रलिकि
Acuarelas	जल रंग
Agua	पानी
Arcilla	मिट्टी
Borrador	रबड़
Caballete	चित्रफलक
Cámara	कैमरा
Cepillos	ब्रश
Colores	रंग
Creatividad	रचनात्मकता
Ideas	विचारों
Lápices	पेंसलि
Mesa	टेबल
Papel	कागज
Pasteles	पेस्टल
Pegamento	गोंद
Pinturas	पेंट
Silla	कुर्सी
Tinta	स्याही

Surf
सर्फ़िंग

Arrecife	चट्टान
Atleta	खलाड़ी
Campeón	चैंपयिन
Clima	मौसम
Diversión	मज़ा
Espuma	फोम
Estilo	शैली
Estómago	पेट
Extremo	चरम
Fuerza	ताकत
Multitudes	भीड़
Océano	सागर
Ola	लहर
Playa	समुद्र तट
Popular	लोकप्रयि
Principiante	शुरुआत
Velocidad	गति

Tecnología
प्रौद्योगिकी

Archivo	फ़ाइल
Blog	ब्लॉग
Bytes	बाइट्स
Cámara	कैमरा
Cursor	कर्सर
Datos	डेटा
Digital	डजिटिल
Estadísticas	सांख्यकिी
Fuente	फ़ॉन्ट
Internet	इंटरनेट
Investigación	अनुसंधान
Mensaje	संदेश
Navegador	ब्राउज़र
Ordenador	संगणक
Pantalla	स्क्रीन
Seguridad	सुरक्षा
Software	सॉफ़्टवेयर
Virtual	आभासी
Virus	वाइरस

Tiempo
टाइम

Ahora	अब
Antes	इससे पहले
Anual	वार्षकि
Año	वर्ष
Ayer	कल
Calendario	कैलेंडर
Década	दशक
Día	दनि
Futuro	भवषि्य
Hora	घंटा
Hoy	आज
Mañana	सुबह
Mediodía	दोपहर
Mes	महीना
Minuto	मनिट
Momento	पल
Noche	रात
Reloj	घड़ी
Semana	सप्ताह
Siglo	सदी

Tipos de Cabello
बालों के प्रकार

Blanco	सफेद
Brillante	चमकदार
Cabelludo	खोपड़ी
Calvo	गंजा
Corto	कम
Delgada	पतला
Gris	धूसर
Grueso	मोटा
Largo	लंबा
Marrón	भूरा
Negro	काला
Ondulado	लहराती
Plata	चाँदी
Rizado	घुंघराले
Rizos	कर्ल
Rubio	गोरा
Saludable	स्वस्थ
Seco	सूखा
Suave	नरम
Trenzado	लट

Vacaciones #2
अवकाश #2

Aeropuerto	हवाई अड्डा
Carpa	तंबू
Destino	गंतव्य
Extranjero	वदिशी
Fotos	तस्वीरें
Hotel	होटल
Isla	द्वीप
Mapa	नक्शा
Mar	समुद्र
Ocio	अवकाश
Pasaporte	पासपोर्ट
Playa	समुद्र तट
Reservas	आरक्षण
Restaurante	भोजनालय
Taxi	टैक्सी
Transporte	परविहन
Tren	ट्रेन
Vacaciones	छुट्टी
Viaje	यात्रा
Visa	वीजा

Vehículos
वाहन

Ambulancia	रोगी वाहन
Autobús	बस
Avión	वमिान
Balsa	बेड़ा
Barco	नाव
Bicicleta	साइकलि
Camión	ट्रक
Caravana	कारवां
Coche	कार
Cohete	रॉकेट
Ferry	नौका
Helicóptero	हेलीकॉप्टर
Lanzadera	शटल
Metro	भूमगित मार्ग
Motor	मोटर
Neumáticos	टायर
Submarino	पनडुब्बी
Taxi	टैक्सी
Tractor	ट्रैक्टर
Tren	ट्रेन

Verano
ग्रीष्म ऋतु

Alegría	हर्ष
Amigos	दोस्तों
Buceo	डाइवगि
Camping	डेरा डालना
Comida	भोजन
Estrellas	सतिारे
Familia	परविार
Hogar	घर
Jardín	बगीचा
Juegos	खेल
Libros	पुस्तकें
Mar	समुद्र
Música	संगीत
Ocio	अवकाश
Playa	समुद्र तट
Recuerdos	यादें
Relajación	वश्रिाम
Sandalias	सैंडल
Vacaciones	छुट्टी
Viaje	यात्रा

Verduras
सब्जियां

Ajo	लहसुन
Alcachofa	हाथी चक
Apio	अजवाइन
Berenjena	बैंगन
Brócoli	ब्रोकोली
Calabaza	कद्दू
Cebolla	प्याज
Ensalada	सलाद
Espinacas	पालक
Guisante	मटर
Jengibre	अदरक
Nabo	शलजम
Oliva	जैतून
Patata	आलू
Pepino	खीरा
Perejil	अजमोद
Rábano	मूली
Seta	मशरूम
Tomate	टमाटर
Zanahoria	गाजर

Virtudes #1
गुण #1

Apasionado	भावुक
Artístico	कलात्मक
Bien	अच्छा
Curioso	जज्ञिासु
Decisivo	नर्णिायक
Eficiente	कुशल
Encantador	आकर्षक
Fiable	वश्विसनीय
Generoso	उदार
Imaginativo	कल्पनाशील
Independiente	स्वतंत्र
Inteligente	बुद्धमिान
Limpio	स्वच्छ
Modesto	मामूली
Paciente	रोगी
Práctico	व्यावहारकि
Sabio	ढंग
Útil	उपयोगी

Enhorabuena

Lo has conseguido!

Esperamos que hayas disfrutado de este libro tanto como nosotros al diseñarlo. Nos esforzamos por crear libros de la máxima calidad posible.
Esta edición está diseñada para proporcionar un aprendizaje inteligente, de calidad y divertido!

¿Te ha gustado este libro?

Una Petición Sencilla

Estos libros existen gracias a las reseñas que se publican.
¿Podrías ayudarnos dejando una reseña ahora?
Aquí tienes un breve enlace a la página de reseñas

BestBooksActivity.com/Opiniones50

¡DESAFÍO FINAL!

Reto n°1

¿Estás listo para tu juego gratis? Los utilizamos siempre, pero no son tan fáciles de encontrar. ¡Aquí están los **Sinónimos!**

Escribe 5 palabras que hayas encontrado en los rompecabezas (#21, #36, #76) y trata de encontrar 2 sinónimos para cada palabra.

Escriba 5 palabras del *Puzzle 21*

Palabras	Sinónimo 1	Sinónimo 2

Escriba 5 palabras del *Puzzle 36*

Palabras	Sinónimo 1	Sinónimo 2

Escriba 5 palabras del *Puzzle 76*

Palabras	Sinónimo 1	Sinónimo 2

Reto n°2

Ahora que te has calentado, escribe 5 palabras que hayas encontrado en los Puzzles 9, 17 y 25 e intenta encontrar 2 antónimos para cada palabra. ¿Cuántos puedes encontrar en 20 minutos?

Escriba 5 palabras del **Puzzle 9**

Palabras	Antónimo 1	Antónimo 2

Escriba 5 palabras del **Puzzle 17**

Palabras	Antónimo 1	Antónimo 2

Escriba 5 palabras del **Puzzle 25**

Palabras	Antónimo 1	Antónimo 2

Reto n°3

¡Genial! Este desafío final  no es nada para ti.

¿Preparado para el reto final? Elige 10 palabras que hayas descubierto en los diferentes rompecabezas y escríbelas a continuación.

1.	6.
2.	7.
3.	8.
4.	9.
5.	10.

Ahora escribe un texto pensando en una persona, un animal o un lugar que te guste.

Puedes usar la última página de este libro como borrador.

Tu Composición:

CUADERNO DE NOTAS :

HASTA PRONTO !

Todo el Equipo

DESCUBRA JUEGOS GRATIS

GO

↓

BESTACTIVITYBOOKS.COM/FREEGAMES